MA VIE D'AUTISTE

DU MÊME AUTEUR
aux éditions Odile Jacob

Penser en images et autres témoignages sur l'autisme, 1997.

TEMPLE GRANDIN

MA VIE D'AUTISTE

Odile Jacob
poches

L'édition originale en langue anglaise
de cet ouvrage est parue
aux éditions Arena Press sous le titre :
Emergence : Labeled Autistic
© Arena Press, 1986

Pour la traduction française :
© ÉDITIONS ODILE JACOB, 1994, 1998, JANVIER 2001
15, RUE SOUFFLOT, 75005 PARIS

www.odilejacob.fr

ISBN : 2-7381-0919-5

Le Code de la propriété intellectuelle n'autorisant, aux termes de l'article L.122-5, 2° et 3° a, d'une part, que les « copies ou reproductions strictement réservées à l'usage privé du copiste et non destinées à une utilisation collective » et, d'autre part, que les analyses et les courtes citations dans un but d'exemple et d'illustration, « toute représentation ou reproduction intégrale ou partielle faite sans le consentement de l'auteur ou de ses ayants droit ou ayants cause est illicite » (art. L. 122-4). Cette représentation ou reproduction, par quelque procédé que ce soit, constituerait donc une contrefaçon sanctionnée par les articles L. 335-2 et suivants du Code de la propriété intellectuelle.

À ma famille,
avec tout mon amour

Préface

Temple Grandin nous raconte une vie d'autiste surdouée. Elle nous dit qu'elle fut une enfant autiste, et qu'elle a surmonté ses difficultés avec succès. Cette auto-observation, tout à fait exceptionnelle, mérite d'être commentée. Certes, nous savons bien que chaque enfant autiste est un cas particulier mais, au premier abord, de telles affirmations peuvent surprendre. On voit mal comment une autiste dont les troubles concernent très précisément la communication avec les autres pourrait leur exprimer, avec toute la précision et le talent d'un narrateur, ses difficultés, ses sentiments et ses angoisses personnelles. Par ailleurs, si l'on sait que certains enfants autistes peuvent réaliser de grands progrès, on connaît vraiment peu de cas de réussite sociale.

Pourtant, la lecture de ses écrits nous convainc que cet auteur fut bien une enfant autiste et qu'elle présente aujourd'hui encore des particularités qui caractérisent cet état. Bien plus, son auto-observation peut contribuer à la compréhension de certains mécanismes neurophysiologiques sous-jacents à l'autisme. Enfin, son message peut être utile aux autres. Il s'adresse à la fois aux chercheurs pour les encourager à ne pas omettre tous les facteurs qui peuvent être à l'origine de cette affection, et aux familles pour leur dire que l'enfant autiste peut progresser tout au long de sa vie.

Temple Grandin fut bien une enfant autiste. Elle présente aujourd'hui des particularités qui caractérisent cet état.

Son histoire n'est pas celle d'une petite fille modèle. Elle avait constamment envie d'être seule. Elle fuyait le contact de sa mère. Elle ne témoignait aucun intérêt pour les autres enfants. Elle ne parlait pas encore à trois ans. Elle se complaisait dans des activités solitaires comme s'asseoir toute la journée sur la plage en faisant couler le sable entre ses doigts. Certains jeux étaient inattendus, comme le barbouillage de sa chambre avec ses selles. Elle était sensible à la moindre contrariété et manifestait son opposition par des colères et par des hurlements ; elle était intolérante aux changements de programme comme aux événements imprévus.

L'autisme de l'enfant a été décrit pour la première fois par le pédopsychiatre Léo Kanner, en 1943. Il concerne quatre enfants pour dix mille dans les formes pures et vingt enfants pour dix mille dans les formes associées à d'autres troubles, avec une prédominance chez les garçons. L'enfant présente une incapacité à établir des relations, se replie comme dans une coquille, éprouve une grande difficulté à s'exprimer ; il exécute des gestes bizarres, répétés de façon inlassable ; enfin, il a besoin d'un environnement immuable et se montre très perturbé par le moindre changement. Un psychologue américain, Bernard Rimland, a proposé plus tard de détailler et de regrouper ces signes d'autisme dans une échelle appelée E2, qui a été remplie par la mère de Temple Grandin et que l'on retrouvera à la fin du livre. On y verra que les « scores » réalisés par elle sont élevés. Il en est de même si l'on reporte les signes qu'elle décrit dans ce livre sur une échelle construite par notre équipe (1), « l'évaluation résumée des comportements autistiques ». On y retrouve l'isolement, les troubles de la communication, les bizarreries de comportement et d'autres difficultés sur lesquelles nous reviendrons.

Temple Grandin nous raconte que ses troubles sont apparus très tôt. Dès les premiers mois, sa mère constate qu'elle est une enfant trop calme, trop « sage ». À l'âge de six mois, elle se raidissait quand on la prenait dans les bras ; elle paraissait fascinée par les objets ; elle semblait sourde et se montrait pourtant hypersensible au bruit. Kanner a lui-même noté chez le tout-petit une sorte d'absence de réaction : l'enfant ne tend pas le visage et ne bouge pas les épaules lorsque la maman veut le soulever. Si l'on utilise des films vidéo enregistrés par des parents bien avant que le diagnostic d'autisme ne soit évoqué, on retrouve sur ces films des signes très précoces, qui se manifestent dès la première année (2) : l'enfant ne tend pas les bras à la personne qui le sollicite, il ne répond pas à son gazouillement, il ne cherche pas le contact par le regard, il paraît indifférent au monde sonore, il semble trop calme ou bien se manifeste au contraire par des cris et des colères... L'intérêt du dépistage précoce vient de ce que des conseils donnés très tôt aux parents peuvent prévenir certains troubles. Il s'agit de déceler, de décoder les tentatives, même discrètes, de communication de l'enfant et d'y répondre de façon opportune pour favoriser l'établissement du contact avec autrui.

Plus tard, Temple Grandin nous parle du développement exceptionnel de certaines capacités. Cela ne surprendra pas les personnes qui ont vu le film *Rain Man*, qui les a initiées aux réalisations d'un cas rarissime d'autisme surdoué. Elles auront observé, chez le héros de *Rain Man*, une certaine discordance entre le déficit des fonctions de socialisation et d'adaptation à la vie quotidienne et l'hypertrophie de fonctions très spécialisées de la mémoire visuelle et du calcul mental. Chez d'autres enfants ou adultes, c'est le dessin, la sculpture ou plus modestement la réalisation presque instantanée de puzzles qui sont privilégiés. Mais Rain Man n'est que le héros d'un film et ses difficultés, comme ses possibilités, nous sont montrées de façon caricaturale.

Temple Grandin, elle, est une héroïne de la vie. Grâce à ses dons exceptionnels, à un entourage très éclairé et à une volonté de fer, elle a su utiliser au mieux ses capacités de reconstruction visuelle de l'espace, développer ses dispositions pour la recherche et concevoir des plans et des dispositifs nouveaux.

Pourtant, certaines difficultés subsistent. Il ne m'a pas semblé opportun de les répertorier lors de notre récente rencontre à Tours : elle venait visiter l'équipe de notre laboratoire pour des échanges scientifiques. Je ressentais par ailleurs pour elle beaucoup de respect et même d'admiration, un peu le sentiment qu'on éprouve lorsqu'on nous présente une championne qui vient de réaliser le tour du monde à la voile en solitaire. Temple Grandin est d'abord et avant tout une personne très intelligente, émouvante et fascinante, particulièrement à l'aise dans les discussions scientifiques. Il est cependant difficile à un médecin de s'abstraire totalement de son métier et de ne pas remarquer les signes qu'il a appris à rechercher. Chez Temple, quelques indices discrets nous montrent le chemin qu'elle a parcouru pour se retrouver parmi nous : sa démarche un peu raide, comme empruntée, son expression distante, même quand elle aborde un sujet familier, et sa voix parfois un peu monotone. Lorsqu'on la rencontre pour la première fois, on est à la fois frappé par son intelligence, son assurance, mais aussi par une sensation de distance imperceptible qu'elle déplace autour d'elle. Tous ces petits signes, discrets chez Temple, sont retrouvés avec une intensité infiniment plus forte chez les enfants et adultes autistes venant comme patients, en consultation.

Oliver Sacks[1], qui a examiné Temple Grandin, décrit avec son œil de neurologue et son talent d'écrivain un certain nombre de symptômes qui font partie de ce qu'on considère comme des séquelles de l'autisme. Nous donnons ici quelques extraits de sa très remarquable description.

Au cours d'une conversation téléphonique préliminaire concernant le trajet par la route qu'il devra suivre pour joindre son bureau, il demande à Temple de préciser un détail et constate alors qu'elle répète en entier toutes ses indications, un peu comme une litanie, avec les mêmes mots.

Lorsqu'il arrive, elle le reçoit sans la moindre cérémonie, sans avoir recours à ces conventions préliminaires qui marquent habituellement l'accueil d'un invité, comme : « Vous avez fait bon voyage ? »

Oliver Sacks note également que son maintien et sa conversation donnent parfois l'impression de la récitation, de phrases d'un manuel indiquant « comment se comporter dans telle ou telle situation ». Elle-même lui explique qu'elle éprouve une réelle difficulté à saisir les interactions humaines et qu'elle a emmagasiné une vaste bibliothèque d'expériences, lui permettant de prévoir comment les gens se comportent en différentes circonstances. Elle est bien au courant des signaux sociaux, elle a appris comment y répondre mais elle ne peut spontanément participer directement à cette communication « magique ».

---

1. « A neurologist's notebook », *The New-Yorker*, 27 décembre 1993.

Elle éprouve la plus grande difficulté à saisir les allusions, l'ironie, le sens d'une plaisanterie. Oliver Sacks insiste sur son aspect figé, sur sa démarche empruntée, dont certains aspects peuvent même évoquer une « ataxie ». La main se tend bien pour inviter à la poignée de main, mais se tient un peu trop haut comme fixée par une contraction involontaire. Puis il relate, non sans admiration, sa visite dans une usine dont les installations et les principaux équipements ont été dessinés et conçus par Temple Grandin et décrit la qualité de ses réalisations originales, destinées notamment à atténuer la souffrance des animaux au moment de leur mort. Il mentionne également son amour des animaux, lesquels le lui rendent bien.

Pour dissiper les derniers doutes venant à ceux qui n'arrivent pas à croire que Temple fut bien une enfant autiste, il suffit de mentionner les sentiments qu'éprouvent les parents de ces enfants à son égard. Ils lui sont très attachés et lui témoignent la plus grande sympathie. Or on ne peut pas tromper les parents dans ce domaine. Comme leurs enfants, ils ont trop souffert pour se laisser abuser. Ils savent que le cas de Temple est très rare et que leur enfant ne pourra pas accéder à ce niveau de compétence. Ils savent aussi que l'histoire qu'elle leur raconte n'est pas imaginaire mais véridique. Lorsqu'ils la rencontrent, ils voient bien que Temple est exceptionnelle par ses dons, ses talents et par sa volonté, mais ils retrouvent chez elle une part de ce qu'ils connaissent chez leurs enfants. De plus, ils sont très sensibles à sa démarche qui tend à faire se rejoindre le regard de l'enfant et celui du chercheur.

Cette auto-observation peut contribuer à la compréhension de mécanismes neurophysiologiques sous-jacents à l'autisme.

Ces mécanismes peuvent être précisés par des explorations fonctionnelles cérébrales effectuées en collaboration avec l'enfant et sa famille. Elles supposent en effet la coopération des enfants qui les considèrent comme des jeux, la présence de la famille et la patience inépuisable des infirmières et des personnes du service hospitalier qui réalisent ces examens.

Temple Grandin nous parle de ses réactions auditives paradoxales. Parfois, elle semblait sourde. D'autres fois, elle était hypersensible aux bruits. Elle nous décrit son intolérance angoissée au son d'une corne de brume au cours d'une traversée sur un bac ou bien aux sons des mirlitons dans une fête de l'école. Ces phénomènes sont très souvent mentionnés dans l'autisme de l'enfant qui paraît sourd à son entourage mais est soudain très perturbé par le chant d'un oiseau au-dehors. Il est possible d'évaluer, en enregistrant l'activité électrique cérébrale, les réactions provoquées par des sons d'intensités différentes. Chez les enfants témoins, l'amplitude des réponses électriques augmente avec l'intensité de la stimulation. On n'observe pas ce phénomène chez les enfants autistes qui peuvent réagir aussi vivement à un bruit faible qu'à un bruit fort (3). Tout se passe comme si ces enfants éprouvaient une grande difficulté à « filtrer » les messages venant du dehors. Ils sont victimes d'une « cacophonie » cérébrale.

De même, Temple Grandin nous décrit ses difficultés à gérer plusieurs stimuli simultanés, à faire deux choses à la fois, à taper des mains en écoutant le rythme de la musique. Sa mère lui disait souvent : « Temple, tu m'écoutes ? Temple, regarde-moi. » Certains parents nous disent parfois : « Quand notre enfant regarde, il paraît ne pas entendre ; quand il écoute, il paraît ne pas voir. »

Cette difficulté peut être précisée par l'électro-encéphalogramme. Si deux stimulations successives, l'une auditive, l'autre visuelle, sont répétées chez un enfant témoin, l'activité électrique cérébrale est en quelque sorte modelée par la succession de stimulations différentes. Ce phénomène existe bien chez l'enfant autiste, mais il varie beaucoup dans le temps (4).

Temple décrit elle-même cette variabilité dans ses activités d'enfant : ce qu'elle réalise le matin, elle le refuse le soir. Sous l'influence d'une émotion, elle prononce le mot « glace », alors qu'elle parle à peine et retombe ensuite dans son silence. En fait, l'analyse fine, à l'aide du magnétoscope, de la façon dont l'enfant autiste réalise une tâche, même simple, montre que si les capacités sont bien présentes, leur mise en œuvre est difficile : le démarrage est trop brutal ou trop lent, le maintien trop variable ou trop soutenu, l'achèvement instantané sans fin. À tout moment, des événements extérieurs ou, semble-t-il, intérieurs, apportent de nombreux éléments de distraction (5). Comme le dit Temple Grandin, la « modulation », l'ajustement, la synchronisation d'activités, même simples, est perturbée.

Enfin, le début des troubles du langage sur lesquels insiste à juste titre l'auteur fait l'objet d'études approfondies. La réception de messages élémentaires, « préverbaux », ainsi que leur émission, est perturbée très tôt (6). Les difficultés commencent avec l'échange du gazouillis. Puis chez les enfants privilégiés qui accèdent au langage, celui-ci est longtemps perturbé. Temple Grandin nous décrit à l'école ses difficultés pour s'exprimer et pour se faire comprendre. En revanche, elle nous dit qu'une matière rendait cette école supportable : les arts plastiques. Elle nous montre qu'elle aimait confectionner des objets avec du carton et de la peinture. Elle mentionne à ce propos « le côté synthétique, global, artistique » de l'hémisphère cérébral droit opposé au « côté séquentiel, langagier », ce qu'elle appelle « l'intelligence cristallisée de la médiation verbale » de l'hémisphère gauche.

Ces observations sont confirmées par les explorations fonctionnelles neurophysiologiques. L'étude du débit sanguin cérébral met en évidence, dans l'autisme de l'enfant, une diminution des réactions de l'hémisphère gauche, celui du langage, aux stimulations de l'environnement. Chez l'enfant témoin, des sons, d'intensité moyenne, provoquent une augmentation de débit visible sur l'« image » de cet hémisphère. Cette augmentation du débit gauche est bien moindre chez l'enfant autiste chez lequel on observe, au contraire, une augmentation du côté droit (7).

Cette analyse neuropsychologique ou neurophysiologique des troubles autistiques suggérée par Temple Grandin peut surprendre. Jusqu'à une période relativement récente, les connaissances sur le système nerveux portaient essentiellement sur les systèmes de la sensibilité, de la motricité et sur les centres du langage. Or les enfants autistes ne sont pas paralysés, ne sont pas réellement sourds, et pour certains d'entre eux, sont capables d'articuler certains mots et phrases « en écho ». Parallèlement, la plupart des observations effectuées chez l'enfant montraient que la privation précoce de la présence maternelle entraînait des troubles sévères du comportement. Aussi Kanner lui-même a-t-il modifié sa conception initiale de 1943 d'une « incapacité biologique » et parlé quelques années plus tard de la « froideur affective » des mères. Pendant de longues années, cette conception de l'origine maternelle de l'autisme, brillamment défendue par Bruno Bettelheim, a prévalu. Elle n'est plus admise aujourd'hui. Les hypothèses actuelles ne méconnaissent pas les difficultés psychologiques qui peuvent survenir entre l'enfant et son entourage et qui sont décrites avec beaucoup de finesse par Temple Grandin. Mais elles considèrent que ces difficultés sont liées à la défaillance de « systèmes de la communication » de l'enfant dont la connaissance est plus récente. Certains psychologues, comme Uta Frith, insistent sur les troubles de la compréhension des relations sociales, tout spécialement la compréhension de la pensée d'autrui[1]. Les neurophysiologues mettent l'accent sur des perturbations plus « élémentaires » très bien décrites par Temple Grandin et qui affectent la sensation, l'attention, la perception, l'association, l'intention, l'imitation, la motricité... très largement impliquées dans la communication verbale et non verbale.

Son auto-observation amène Temple Grandin à faire des propositions thérapeutiques. Enfant, elle note bien que son hypersensibilité aux stimulations extérieures s'accompagne également d'une hypersensibilité au contact ; elle n'aime pas qu'on la touche, le simple fait d'avoir un chapeau trop serré la met en rage. Mais elle observe également que le fait de se sentir enveloppée dans une couverture atténue son hypersensibilité et son angoisse. Elle signale également que le fait de réaliser des mouvements répétés entraîne le même effet.

Elle nous propose un dispositif thérapeutique qu'elle a créé elle-même et qui associe à un isolement relatif une compression souple du corps. Il s'agit d'une sorte de « pince » enveloppante. Ses parois, mobiles, sont recouvertes de caoutchouc mousse et leurs mouvements, commandés par un système hydraulique. Elles exercent ainsi des pressions variables qui peuvent être aisément contrôlées par l'utilisateur. Temple constate que l'effet sédatif obtenu

---

[1]. *L'Énigme de l'autisme*, trad. Anna Gerschenfeld, Paris, Éd. Odile Jacob, 1990.

ainsi sur elle-même peut également être observé sur des animaux en état de détresse. Cette observation rejoint des recherches fondamentales de neurophysiologie.

Travaillant dans les années soixante au laboratoire de physiologie du Pr Jean Scherrer, au centre Claude Bernard à la Salpêtrière, nous avions cherché à préciser l'effet sédatif obtenu par le patient qui, chez le dentiste, serre les bras du fauteuil pour atténuer la douleur. Il apparaissait bien que les variations de l'activité électrique cérébrale provoquées par des stimulations de l'environnement étaient diminuées par une stimulation tactile, une caresse par exemple.

Un tel effet peut être obtenu non seulement par le tact, mais aussi par l'exécution d'un geste. Temple Grandin nous montre que son hypersensibilité peut être calmée par des mouvements répétés qui sont si fréquents et parfois si spectaculaires chez l'enfant autiste. Nous avions observé, dans le laboratoire de physiologie des professeurs A. et D. Fessard à l'Institut Marey, que l'exécution d'un geste pouvait supprimer complètement les réponses électriques cérébrales provoquées par une stimulation douloureuse. Il apparaissait alors que le cervelet jouait un rôle très probable dans cet effet de sédation, de « filtration ».

Aussi, les thérapies élaborées par notre équipe peuvent être rattachées, comme celle proposée par l'auteur, à ces hypothèses physiologiques. Le Dr Sacks note que Temple Grandin, lorsqu'elle est allongée dans son appareil, semble apaisée et se montre plus disponible envers autrui. Les principes de nos thérapies sont bien la *tranquillité* pour favoriser la « filtration », la sélection des messages et la *disponibilité* de l'enfant et du thérapeute pour une meilleure maîtrise de l'environnement. Mais nous y ajoutons aussi la *réciprocité*, c'est-à-dire l'échange de gestes, de mimiques, de vocalisations, ou d'objets comme le ballon. L'expérience montre que ces échanges sont appréciés par l'enfant autiste comme par son thérapeute lorsqu'ils sont tous les deux tranquilles et disponibles. La recherche de cette réciprocité était bien illustrée dans la « leçon de danse » de *Rain Man*.

Temple Grandin aborde également le domaine des médicaments. Dans l'autisme, ce ne sont pas des remèdes miracles, mais ils peuvent apporter des améliorations très appréciables soit de façon permanente, soit de façon passagère à l'occasion de difficultés ou de changements (déménagement, par exemple). Les molécules utilisées dans le traitement de l'autisme sont nombreuses et ne sauraient être négligées : on pourrait presque dire « à chacun son remède ». Pour Temple Grandin, c'est un antidépresseur qui lui réussit ; pour beaucoup d'autistes, ce sont plutôt des remèdes sédatifs. Enfin, elle nous parle de l'association de vitamines B_6 et de magnésium signalée pour la première fois par Bernard Rimland, en 1974, et qui, dans un cas sur cinq environ, améliore sensiblement l'attention, le contact, et le désir de communiquer. Il est possible de préciser l'effet de ce remède par des évaluations cliniques quantifiées, des examens électrophysiologiques et des dosages biochimiques (1).

Enfin, le message de Temple Grandin peut être utile aux autres. Il s'adresse à la fois aux chercheurs pour les encourager à ne pas omettre tous les facteurs possibles à l'origine de l'autisme, et aux familles pour leur dire que l'enfant autiste peut progresser tout au long de sa vie.

À plusieurs reprises dans son livre, Temple Grandin ne se limite plus à son auto-observation mais aborde le difficile problème des causes de l'autisme. Elle considère avec la majorité des auteurs de langue anglaise qu'il s'agit d'un trouble du développement du système nerveux lié à des facteurs multiples. Dans son entretien avec le Dr Sacks, elle évoque l'existence possible de facteurs génétiques. Des recherches cliniques récentes et les entretiens avec la famille ont mis en évidence l'influence possible des maladies de l'enfance, des incidents de la grossesse et de l'accouchement. Elles ont contribué notamment à l'élaboration d'une « grille » portant spécialement sur les antécédents et sur l'existence possible de malformations mineures (8). Parmi ces malformations doivent être mentionnées des anomalies inconstantes de la morphologie du cervelet signalées par E. Courchesne, neuropsychologue de San Diego, et confirmées récemment par notre équipe (7).

Comme le dit très bien l'auteur, toutes les atteintes du système nerveux, infectieuses, toxiques, traumatiques qui affectent l'enfant pendant la grossesse, l'accouchement ou les premières années de la vie peuvent être à l'origine de syndromes autistiques. Il en est de même pour certaines affections métaboliques comme la phénylcétonurie qui, on le sait, est désormais dépistée systématiquement chez tous les nouveau-nés.

Pendant quelques années ont été évoqués des facteurs biochimiques de l'autisme. Temple Grandin nous parle de perturbations de l'adrénaline, qui participe à la transmission de l'influx nerveux et qui intervient dans l'expression des émotions. De nombreux autres corps sont également neurotransmetteurs. Citons la dopamine (parente de l'adrénaline), la sérotonine, et d'autres produits dont les propriétés sédatives s'apparentent à celles de la morphine. Temple Grandin a elle-même étudié un antagoniste de la morphine au laboratoire. Les taux de ces transmetteurs du système nerveux sont nettement modifiés chez certains enfants autistes. Cependant ces anomalies ne sont pas suffisantes pour qu'on puisse les considérer dès à présent comme à l'origine de l'autisme. On peut donc admettre provisoirement qu'il s'agit de témoins d'un « comportement métabolique » perturbé.

La mise en évidence de ces anomalies biochimiques a cependant encouragé les chercheurs de notre équipe, spécialistes en biologie moléculaire (9, 10) à rechercher si des gènes contrôlant la production ou la destruction de ces neurotransmetteurs n'étaient pas modifiés chez les enfants autistes. Cette hypothèse n'a pas été confirmée. En revanche, et comme cela est habituel dans la recherche, c'est un autre gène, inattendu, dit « Harvey-Ras » qui a semblé présenter des « particularités ». Ce gène est lui-même situé à proximité d'un autre gène intervenant dans la production d'un des neurotransmetteurs déjà mentionné : la dopamine. Il contribue lui aussi à la neurotransmission, mais son intérêt vient de ce qu'il intervient également dans le développement du système nerveux. Que signifie ce terme « particularité » ? On admet que certains gènes ont des propriétés très générales qui participent par exemple à la formation de l'œil, et des propriétés particulières qui vont donner la couleur des yeux, caractère plus individuel. Ce sont des formes particulières (allèles) du gène Harvey-Ras qui sont apparues différentes dans un groupe de cinquante enfants autistes et dans un groupe de cinquante témoins. Cette différence « statistiquement significative » n'est décelable que par l'étude comparative des deux groupes. Elle indique simplement qu'il y a davantage ou moins d'enfants autistes présentant telles particularités que d'enfants témoins. Il est donc tout à fait prématuré de parler dès aujourd'hui de contribution au diagnostic individuel. *A fortiori* serait-il très imprudent d'évoquer pour un avenir même lointain, une éventuelle thérapie génique. Néanmoins, cette observation réalisée en 1993, cinquante ans après la description de Kanner de cette « incapacité biologique à communiquer », n'en ouvre pas moins une nouvelle piste dans la forêt des facteurs qui peuvent contribuer à l'apparition de l'autisme de l'enfant. Cette forêt est si étendue et si dense que l'utilisation de méthodes et techniques statistiques récentes est nécessaire aussi bien pour le recueil et l'analyse des données cliniques que pour l'étude des résultats biologiques et la formulation de nouvelles hypothèses (11).

Quittant la neurobiologie, nous ne déflorerons pas le livre de Temple Grandin qui pourrait s'intituler « Voyage au pays de l'autisme ». Il commence par l'itinéraire d'une auto-observation précoce sur lequel nous avons insisté (c'est à ce moment que les soins sont les plus efficaces). Puis il parcourt toute une vie jusqu'à l'âge adulte et constitue un message de tout premier plan pour les enfants et pour les parents. Ce message ne consiste pas à dire : « Enfants autistes, soyez ingénieurs, comme moi ! » ; Temple Grandin est un cas tout à fait exceptionnel d'autiste surdouée ayant en outre une volonté extraordinaire. C'est cependant un message de dépassement de soi, d'intégration et de contribution à la société humaine.

Ce message a donc une portée très générale pour les enfants autistes : il nous rappelle qu'on ne doit ni méconnaître leurs difficultés ni sous-estimer leurs capacités. Temple nous décrit elle-même son embarras en société, ses idées fixes, ses « obsessions », son anxiété dans les changements et les situations imprévues ; elle nous parle aussi de son aisance dans le domaine scientifique, de ses aptitudes visuospatiales, de ses capacités d'abstraction, de concentration et de création. Elle nous montre enfin que ses progrès s'échelonnent de sa naissance à aujourd'hui. Ils n'ont pas échappé à Bernard Rimland qui l'a rencontrée à plusieurs années d'intervalle.

Pour la majorité des autistes, les troubles sont beaucoup plus sévères que ceux décrits dans ce livre. Ce fait doit être très nettement souligné. Beaucoup de ces enfants ne parlent pas ; ils ont également des troubles associés intellectuels, sensoriels ou moteurs. L'examen clinique confirme bien ces déficiences mais une évaluation précise montre aussi des capacités inexploitées de compréhension, d'expression et de communication. Le développement de ces capacités favorise la socialisation de ces enfants qui peut progresser même à l'âge adulte. C'est ce que montre une étude effectuée après quinze années d'évolution sur plus de cent enfants autistes (12) : le développement de leurs capacités de socialisation rend possible une intégration sinon dans la vie professionnelle, du moins dans la famille et dans des milieux protégés.

Pour parvenir à cette intégration, la collaboration des enfants, des parents et des professionnels est indispensable. Le livre de Temple Grandin est un modèle de cette collaboration. On y trouve les descriptions émouvantes des impressions de l'enfant, des lettres de sa mère, de l'aide de sa tante, des conseils du médecin, des interventions des enseignants... À cet égard, Temple Grandin fait preuve du plus grand éclectisme dans l'énumération des moyens pouvant être mis en œuvre, qu'ils soient médicaux, pédagogiques, sociaux... Notre formation de pédopsychiatre neurophysiologiste nous a fait mettre l'accent sur les méthodes physiologiques appliquées au sein de notre service dans une ambiance psychothérapique privilégiée grâce à la gentillesse, la sollicitude et le dévouement d'un personnel spécialisé. D'autres pédopsychiatres ont une conception différente de l'autisme. Ils estiment que l'on retrouve, dans l'histoire de ces enfants, des éléments susceptibles d'être interprétés. Ils s'efforcent de fournir ces interprétations à l'enfant et à sa famille pour les aider à prendre conscience de certaines difficultés, et pour favoriser leurs relations individuelles et sociales.

Dans la mesure où l'on admet que l'autisme est bien dû à un trouble du développement du système nerveux et où des observations rigoureuses précèdent les interprétations, ces méthodes de thérapies, qu'elles soient d'« échanges » ou de « relations », ne doivent pas être opposées. Réunies par le recours au jeu, ces psychothérapies éducatives peuvent même se ressembler lorsqu'elles sont utilisées par des praticiens ayant une bonne expérience clinique. Mais elles supposent aujourd'hui une évaluation précise de la situation initiale et des résultats obtenus. Il est probable qu'une meilleure connaissance des cas d'autisme amènera à préciser les indications de telle ou telle thérapie pour chaque enfant et pour chaque moment de son évolution.

Les améliorations observées, maintenant très appréciables chez l'enfant, ne suppriment pas cependant les problèmes de l'adolescence et de l'âge adulte. Pour la majorité des autistes, d'importantes déficiences persistent. Elles requièrent la mise en place de conditions médico-sociales et éventuellement professionnelles favorables. Ces conditions sont aujourd'hui loin d'être remplies, ce qui entraîne pour les enfants et pour les parents une situation très angoissante.

Dans tous les cas, l'amélioration de l'environnement suppose la participation très active et inappréciable des parents, dont la tendresse, la sollicitude et les capacités infinies ont souvent été méconnues.

Avec ces précautions et ces précisions, le livre de Temple Grandin est un grand message d'espoir. L'auteur est plus optimiste que le réalisateur de *Rain Man*. Elle insiste sur l'intérêt des traitements appliqués très tôt, sur le rôle irremplaçable de la famille, sur le soutien des personnes de l'environnement. Un tel message est valable pour tous les enfants, même pour les cas les plus graves, hélas beaucoup plus fréquents que celui de Temple. Elle nous dit aussi qu'elle est d'abord une personne, et qu'elle est même devenue une « personnalité » brillante. Chaque enfant autiste est aussi une personne : même si sa « carrière » ne se déroule pas aussi favorablement que celle qui nous est narrée, il justifie pleinement la considération et la sollicitude de chacun d'entre nous.

GILBERT LELORD
Membre correspondant de l'Académie de médecine, professeur à la faculté de médecine de Tours.

Les chiffres de 1 à 12 insérés dans cette préface correspondent aux thèmes de recherches de groupes ou aux personnes avec lesquels Temple Grandin a été successivement en contact au cours de son séjour à Tours, en 1993 : Catherine Barthelemy (1), Dominique Sauvage (2), Nicole Bruneau (3), Joëlle Martineau (4), Jean-Louis Adrien (5), Pascale Dansart (6), Bernard Garreau (7), Anne Perrot (8), Jean-Pierre Muh (9), Josiane Hérault (10), Sylvie Roux (11), Laurence Hameury (12).

Ces groupes appartiennent à l'équipe numéro 3 de l'Unité INSERM 316 (Pr Léandre Pourcelot) : « Le système nerveux du fœtus à l'enfant : développement, circulation, métabolisme » (Prs G. Lelord, C. Barthelemy, J.-P. Muh et Dr B. Garreau) et au département de psychopathologie et de neurophysiologie de l'enfant (Prs D. Sauvage, C. Barthelemy et G. Lelord).

Ils collaborent eux-mêmes avec d'autres organismes de recherches : Centre Frédéric Joliot du CEA d'Orsay (Pr André Syrota ; UPR 23 du Centre national de la recherche scientifique (Mr Jacques Mallet)).

Ils bénéficient de l'aide de comités et d'associations regroupant professionnels, parents et administrateurs : Comité « Autisme » de la Fondation France-Télécom ; AESPHOR : « Aide aux enfants suivis en psychothérapie au Centre hospitalier régional » ; INDPIE : « Institut de dépistage et de prévention des inadaptations de l'enfance » ; Fondation Henri Langlois.

Introduction

J'ai posé le carton d'invitation et je me suis versé une autre tasse de thé. L'école de Mountain Country dans le Vermont organisait une réunion des anciens élèves de ma promotion. Des nuées de souvenirs bourdonnaient dans ma tête.

Cette bonne vieille école de Mountain Country... et ce cher Mr Peters, son fondateur... M'avait-on invitée à assister à cette fête par erreur ? Avait-on oublié « l'enfant bizarre », « cette nulle obsédée », « la folle-dingue qui tapait sur la tête des autres mômes » ?

Comment pouvaient-ils oublier ? J'étais une « enfant bizarre ». Je n'ai pas parlé avant l'âge de trois ans et demi. Jusqu'alors, hurler, crier et chantonner étaient mes seuls moyens de communication. En 1943, Kanner a utilisé le terme « autisme » pour mettre un nom sur ce genre de symptômes. Quelques années plus tard, j'ai été « étiquetée » autiste.

Au cours des années, j'ai assez lu pour savoir qu'il y a encore beaucoup de parents, et même des spécialistes, qui croient que « quand on naît autiste, on reste autiste ». Cette croyance se trouve être à l'origine de la vie triste et misérable de beaucoup d'enfants qui, comme moi, ont été « diagnostiqués » autistes dès leur plus jeune âge. Pour ces gens, les caractères de l'autisme ne peuvent être ni modifiés ni contrôlés. Pourtant, je crois sincèrement que je suis la preuve vivante du contraire. Et cela semble particulièrement vrai dans le cas d'enfants autistes qui ont acquis un langage à valeur communicative avant l'âge de cinq ans.

Aujourd'hui, j'approche de la quarantaine. Je suis conceptrice d'équipement de traitement de bétail, l'un des rares experts mondiaux dans ce domaine. Des quatre coins du monde, des entreprises me demandent de les conseiller ou de leur dessiner des équipements sur mesure. J'écris régulièrement dans les journaux professionnels et je fais des communications dans des congrès qui ont lieu dans tout le pays. Actuellement, je termine un doctorat en biologie animale. Ma vie est normale, je suis indépendante et n'ai pas de souci d'argent.

Comment est-il possible qu'une jeune enfant, dont les parents se sont entendus dire qu'elle vivrait peut-être toute sa vie en institution, ait pu confondre les « experts » ? Comment une enfant étiquetée autiste accède-t-elle au vrai monde ? J'ai encore des problèmes relationnnels avec les autres, mais dans l'ensemble je survis et je me débrouille plutôt bien.

D'abord, qu'est-ce que l'autisme ?

L'autisme est un trouble du développement. Une anomalie dans les systèmes qui traitent les informations sensorielles à leur entrée fait que l'enfant réagit trop à certains stimuli et pas assez à d'autres. Pour contenir l'assaut des stimulations extérieures, l'enfant autiste se replie souvent sur lui-même, loin de son environnement et des gens qui s'y trouvent. L'autisme est un trouble qui se manifeste dans la petite enfance et qui coupe l'enfant des autres. Au lieu de tendre vers le monde qui l'entoure pour l'explorer, l'enfant reste dans son propre monde intérieur. Au fur et à mesure que je décrirai mes souvenirs, vous verrez à quel point j'étais hypersensible aux odeurs, aux mouvements, aux tournoiements et aux bruits. Et comment de petits mouvements tout simples pouvaient déclencher une « persévération » (ne pas pouvoir arrêter une activité une fois qu'on l'a commencée, même si on en a envie), ce qui poussait à bout les adultes autour de moi.

Quelle est la cause de l'autisme ? Cela reste un mystère. Est-ce neurologique ? Physiologique ? Est-ce un traumatisme prénatal, un rejet de la part de la mère, un manque de minéraux essentiels ? Est-ce une lésion cérébrale ? Est-ce d'origine psychologique ? À ces questions, de nombreux spécialistes éminents apportent des réponses contradictoires. Des études montrent que certaines parties du système nerveux ne se développeraient pas normalement. Pour une raison inconnue, les millions de neurones qui se développent en même temps que le cerveau établissent de mauvaises connexions entre eux. Des études sur le cerveau de dyslexiques décédés (la dyslexie est une affection peut-être apparentée à l'autisme) démontrent que la croissance de certains neurones ne suit pas une orientation normale. La recherche sur des autistes, explorations pratiquées à l'aide de scanners sophistiqués, indique que certains d'entre eux ont un développement neuronal défectueux et que certaines régions du cerveau seraient hyperactives. Mais le fait est que, indépendamment du sous-groupe auquel ils appartiennent, les symptômes sont les mêmes.

Ces symptômes semblent apparaître dès les premiers mois de la vie. Le nouveau-né ne réagit pas comme les autres bébés. Il n'est pas sourd puisqu'il réagit aux bruits mais ses réactions aux autres stimuli sensoriels sont contradictoires. L'odeur d'une rose cueillie au jardin peut plonger l'enfant dans une colère noire ou le faire se replier dans son monde intérieur. Une hypersensibilité au toucher, l'absence de langage communicatif, des comportements répétitifs, des accès de colère, une hypersensibilité aux bruits forts ou inhabituels et un manque de contact affectif constituent d'autres symptômes de l'autisme.

Quels sont les traitements adéquats ? Choisissez-en un – n'importe lequel – la stimulation sensorielle, le comportementalisme, l'éducation spécialisée, un traitement médicamenteux, un régime, des suppléments nutritifs, tout a été tenté, et chaque traitement a remporté quelque succès. Certains autistes paraissent réagir à l'un ou à l'autre. D'autres ont besoin de soins en institution toute leur vie à cause de leur imperméabilité absolue au monde extérieur ou de leur comportement violent.

Mon histoire est différente et je représente un espoir pour les parents et les spécialistes qui suivent les enfants autistes. En lisant les notes de ma mère, que j'ai reprises dans mon récit, certains cliniciens observeront beaucoup de comportements « normaux » : ils en déduiront que mon diagnostic a été une erreur. Marion Sigman et Peter Mundy de l'université de Californie (Los Angeles) ont trouvé que les comportements d'adaptation sociale des enfants autistes sont plus nombreux que ce que l'on ne croit. Quand on les compare à des groupes de contrôle formés d'enfants normaux ou atteints de retard mental, les enfants autistes obéissent aussi volontiers à leur mère que ceux des deux autres groupes. Dire qu'un enfant autiste ne réagit pas du tout aux autres personnes est une idée fausse. Lorna Wing à l'Institut de psychiatrie de Londres affirme qu'un enfant autiste peut répondre de façon socialement correcte dans une situation et pas dans une autre. Les enfants autistes sont aussi différents les uns des autres par leurs aptitudes, leur intelligence, leurs préférences et leurs aversions et leur savoir-vivre, que les enfants « normaux » peuvent l'être. En 1950, on m'a étiquetée autiste et j'ai tâtonné pour trouver le chemin qui me ferait revenir du versant lointain de l'obscurité.

Alors que j'écrivais ce livre, j'ai soumis certains passages à divers spécialistes du développement de l'enfant et de l'autisme. Il était intéressant de lire leurs réactions. Quelques-uns disaient : « Mais pourquoi n'a-t-on pas essayé la thérapie X avec vous ? Cela vous aurait aidée. » Le problème est qu'il y a trente ans, si la thérapie X existait, il n'y avait qu'un tout petit nombre de spécialistes qui la connaissaient. N'oubliez pas que le terme « autisme » venait d'être inventé. Il y a trente ans, beaucoup de choses que l'on connaît désormais étaient inconnues du grand public, voire des experts.

Aujourd'hui, mes souvenirs d'enfance sont comme une tapisserie somptueuse. Je peux encore revoir des morceaux de l'étoffe, très nettement. Certains ont pâli. Les événements dont je me souviens racontent une histoire fascinante sur la perception par les enfants autistes du monde étrange qui les entoure et sur leurs réactions inhabituelles face à ce monde qu'ils essaient désespérément de rendre cohérent.

CHAPITRE PREMIER

Souvenirs d'enfance

Je me souviens du jour où j'ai failli tuer ma mère et ma plus petite sœur, Jeanne. Ma mère s'était glissée au volant de la voiture. Se penchant sur la banquette arrière, elle m'a dit : « Voici ton chapeau, Temple. Tu veux être jolie pour aller voir l'orthophoniste, n'est-ce pas ? » Elle a alors enfoncé le chapeau bleu en velours côtelé sur mes oreilles, s'est retournée et a mis le moteur en marche.

Il me semblait que mes oreilles s'écrasaient de façon à se fondre en une seule oreille énorme. Le ruban du chapeau me serrait fortement la tête. J'ai arraché le chapeau et j'ai hurlé. Hurler, c'était le seul moyen que j'avais de dire à maman que je ne voulais pas porter ce chapeau. Il faisait mal. Il étouffait mes cheveux. Je le détestais. Je ne le porterais pas à l'« école de la parole ».

Au stop, Maman s'est retournée et m'a regardée. « Remets ce chapeau », m'a-t-elle ordonné en prenant la bretelle de l'autoroute.

J'ai tripoté le chapeau douloureux, essayant de faire disparaître les murs de tissu en frottant. Je triturais dans tous les sens le morceau de tissu en fredonnant un air qui ne correspondait à aucune mélodie. Maintenant le chapeau reposait sur mes genoux comme un tas bleu et laid. Il fallait que je m'en débarrasse. J'ai décidé de le jeter par la fenêtre. Maman ne le remarquerait pas. Elle était trop occupée à conduire. Mais n'ayant qu'un tout petit peu plus de trois ans, je n'arrivais pas à tourner la manivelle de la vitre. Le chapeau semblait chaud et picotait mes genoux. Il restait là et attendait, comme un monstre. Spontanément, je me suis penchée en avant et je l'ai lancé par la fenêtre de maman.

Elle a hurlé. Je me suis bouché les oreilles pour étouffer le cri déchirant. Elle a tenté de saisir le chapeau. La voiture a fait une embardée. Tout à coup, nous nous sommes retrouvées sur l'autre voie. Je me suis appuyée contre la banquette et j'ai profité de la bousculade. Jeanne pleurait à l'arrière. Même aujourd'hui, je me souviens des arbustes plantés le long de l'autoroute. Quand je ferme les yeux, je ressens encore le soleil chaud qui ruisselait par la fenêtre, je sens l'odeur du gaz d'échappement et je vois le semi-remorque rouge se rapprocher de plus en plus.

Maman a essayé de tourner le volant mais il était trop tard. J'ai entendu s'écraser le métal et j'ai senti le choc violent. On a cogné le côté du semi-remorque rouge et on s'est arrêté brusquement. J'ai crié « glace, glace » pendant que le verre cassé pleuvait partout sur moi. Je n'avais pas du tout peur. C'était assez passionnant.

Un côté de la voiture était défoncé. C'était un miracle que nous n'ayons pas été tuées toutes les trois sur le coup. C'en était un autre que j'aie pu prononcer clairement et succinctement le mot « glace ». Étant une enfant autiste, parler était l'un de mes plus gros problèmes. Même si je pouvais comprendre tout ce que les gens disaient, mes réponses étaient limitées. J'essayais, mais, la plupart du temps, les mots n'arrivaient pas. Ça rassemblait à un bégaiement. Simplement, les mots ne sortaient pas. Pourtant, quelquefois, je prononçais des mots, comme je l'avais fait pour « glace », très clairement. Cela se produisait lors de moments de grande tension comme l'accident de voiture, quand le « stress » arrivait à vaincre la barrière qui, d'habitude, m'empêchait de parler. C'est un des aspects inexplicables, frustrants, confus de l'autisme infantile qui poussent les adultes à bout. Les gens autour de moi se demandaient pourquoi je pouvais parler à un moment et pas à un autre. Ils pensaient que je ne faisais pas d'effort ou que j'étais pourrie-gâtée et, par conséquent, se montraient encore plus durs avec moi.

C'est peut-être à cause de mon incapacité à communiquer convenablement et de la prégnance de mon monde « intérieur » que les scènes de mon enfance restent si vivantes en moi. Les souvenirs passent comme un film sur le grand écran de mon esprit.

Maman, qui n'avait que dix-neuf ans quand je suis née, m'a dit qu'elle garde de moi le souvenir d'un nouveau-né normal, en bonne santé, avec de grands yeux bleus, une tignasse de cheveux châtains duveteux et une fossette au menton. Une petite calme et « sage » qui s'appelait Temple.

Savais-je dès les premiers jours, dès les premières semaines de ma vie, que j'étais sur un toboggan rapide glissant vers un abîme d'isolement, où je serais coupée du monde par des réactions trop fortes ou contradictoires de mes sens ? Pouvais-je pressentir l'aliénation que je connaîtrais à cause d'une lésion cérébrale qui ne se révélerait que plus tard quand la partie endommagée de mon cerveau se développerait ?

J'avais six mois quand ma mère s'est rendu compte que je n'étais plus câline et que je me raidissais quand elle me prenait. Quelques mois plus tard, Maman a essayé de me prendre dans ses bras et je l'ai griffée comme un animal pris au piège. Elle a dit qu'elle ne comprenait pas la raison de mon hostilité et s'est sentie blessée. Elle avait vu d'autres bébés qui câlinaient et gazouillaient dans les bras de leur mère. Que faisait-elle de travers ? Elle se rassurait en se disant qu'elle était jeune et manquait probablement d'expérience. L'idée d'avoir un enfant autiste lui faisait peur parce qu'elle ne savait pas réagir devant un bébé qui la rejetait. Elle pensait que, peut-être, ce rejet apparent n'était pas rare et ses inquiétudes se sont dissipées. Après tout, ma santé était bonne. J'étais éveillée, intelligente et j'avais une bonne coordination. Puisque j'étais l'aînée, Maman pensait que mon repli était probablement normal, que c'était une étape sur le chemin de la maturité et de l'indépendance.

À ces mouvements de recul pour me soustraire à tout contact physique, si caractéristiques des enfants autistes, ont succédé pendant des années les comportements autistiques courants : la fixation sur les objets tournants, l'envie d'être seule, les comportements destructeurs, les colères, l'incapacité à parler, la sensibilité aux bruits imprévus, la surdité apparente et l'intérêt intense pour les odeurs.

J'étais une enfant destructrice. Je dessinais partout sur les murs, chaque fois que je mettais la main sur un crayon. Je me souviens m'être bien fait attraper parce que j'avais fait pipi sur le tapis. Aussi, la fois suivante, quand j'ai eu envie, j'ai mis le long rideau entre mes jambes. Je croyais qu'il sécherait vite et que Maman n'y verrait que du feu. Les enfants normaux jouent avec de la pâte à modeler ; moi, je faisais de même avec mes déjections et j'éparpillais ensuite mes créations partout dans la chambre. Je mâchouillais les puzzles et crachais la bouillie de carton sur le plancher. J'étais d'un tempérament violent et, quand on me contrariait, je lançais ce qui se trouvait à ma portée – un vase précieux ou un reste de caca. Je hurlais continuellement, réagissais violemment aux bruits, tandis qu'à d'autres moments je pouvais paraître sourde.

Étant donné qu'à trois ans, je ne me comportais toujours pas comme les petites voisines, Maman consulta un neurologue. J'étais la première d'une famille de quatre enfants et aucun de mes petits frères et sœurs ne se sont comportés comme moi.

L'électro-encéphalogramme et les audiogrammes étaient normaux. J'ai été évaluée à l'aide de l'échelle de Rimland, sur laquelle un résultat de + 20 correspond à l'autisme pur (le syndrome de Kanner). J'ai eu + 9 (seulement 10 % environ des enfants qualifiés d'autistes cadrent vraiment avec la définition étroite du syndrome de Kanner, parce qu'il existe des différences métaboliques entre le syndrome de Kanner et les autres formes de l'autisme). Même si les tendances de mon comportement étaient nettement autistiques, l'apparition de productions sonores de base, infantiles, mais ayant un sens, à l'âge de trois ans et demi, a fait baisser ma cotation sur l'échelle de Rimland. Mais, quel que soit le degré de l'autisme, la frustration des parents et de l'enfant est évidente. Après l'évaluation, le médecin a déclaré qu'il n'y avait aucune atteinte somatique. Il a conseillé une rééducation orthophonique pour mes troubles de la communication.

Jusqu'à ce moment-là, la communication avait été pour moi une voie à sens unique. Je comprenais ce qui se disait, mais j'étais incapable de répondre. Hurler et battre des mains étaient les seuls moyens de communication dont je disposais. L'orthophoniste s'appelait Mrs Reynolds et, à part son emploi d'une baguette, je garde d'elle des souvenirs chaleureux. La baguette était pointue et avait un air méchant. On m'avait fait la leçon à la maison : il ne fallait jamais diriger un objet pointu vers quelqu'un. Il pourrait crever un œil. Et là, Mrs Reynolds pointait sa baguette vers moi ! Je reculais de peur. Je ne crois pas qu'elle ait compris ma terreur devant cette baguette ; j'étais d'ailleurs incapable de la lui expliquer. Malgré tout, Mrs Reynolds m'a aidée. C'est chez elle que, pour la première fois, j'ai répondu au téléphone. Mrs Reynolds s'était absentée un moment de la pièce. Le téléphone a sonné. Et sonné encore. Personne ne répondait. L'énervement et la tension produits par le bruit discordant de la sonnerie ont eu raison de mes habituels bégaiements. J'ai traversé la pièce en courant, j'ai pris le combiné et j'ai dit : « Allô ! » Le premier coup de fil d'Alexandre Graham Bell n'a pas produit pareil effet !

Maman m'a raconté qu'au début, j'avais un vocabulaire très limité et que j'accentuais fortement les mots, je disais « bah » pour dire « balle ». Je n'utilisais que des mots isolés, « glace », « aller », « moi », « non ». Mes efforts ont dû paraître merveilleux à ma mère. Quel pas en avant comparé aux fredonnements, aux cris et aux hurlements habituels !

Mais ce n'était pas seulement l'absence de langage qui inquiétait Maman. Ma voix était monotone ; elle avait peu de modulation et aucun rythme. Rien que cela me rendait différente. À mes troubles de langage et à ma voix monocorde s'ajoutait ma difficulté à regarder les gens dans les yeux ; elle m'est restée longtemps après, même à l'âge adulte. Enfant, je me souviens que Maman me demandait sans cesse : « Temple, tu m'écoutes ? Regarde-moi. » Parfois, je m'y efforçais, mais je n'y parvenais pas. Le regard fuyant était un autre symptôme de mon comportement autistique. Il y avait d'autres signes significatifs. Je m'intéressais peu aux autres enfants ; je leur préférais mon propre monde intérieur. Je pouvais m'asseoir sur la plage pendant des heures en faisant couler du sable entre mes doigts et en façonnant des montagnes minuscules. Chaque grain de sable me fascinait comme si j'étais un scientifique qui regardait dans un microscope. D'autres fois, j'examinais chaque ligne sur mon doigt, en suivant l'une d'elles comme une route sur une carte.

Tournoyer était une autre de mes activités préférées. Je m'asseyais par terre et je tournais en rond. La pièce tournait avec moi. Ce comportement d'autostimulation me donnait une sensation de puissance : je contrôlais les choses. J'arrivais à faire tourner toute une pièce. Parfois, c'était la terre entière que je faisais tourner en tortillant la balançoire dans notre jardin pour enrouler les chaînes. Ensuite, assise sur la balançoire qui se déroulait, je regardais tournoyer ciel et terre. Je me rends compte que les enfants non-autistes prennent aussi plaisir à tournoyer sur une balançoire. Toute la différence est que l'enfant autiste est obsédé par le tournoiement.

Il existe un mécanisme dans l'oreille interne qui contrôle l'équilibre du corps et intègre des informations visuelles et vestibulaires. À travers une série de connexions nerveuses, les yeux, après un certain temps de tournoiement, ont des mouvements saccadés (nystagmus) et l'enfant a mal au cœur. Ensuite, il s'arrête de tourner. Les enfants autistes ont souvent un nystagmus réduit. Tout se passe comme si leur corps corrigeait par le mouvement circulaire un système nerveux immature.

Peu importe la raison pour laquelle j'adorais tourner sur moi-même ou faire tourner des pièces ou des couvercles en rond, en rond, en rond. Intensément occupée par le mouvement de la pièce ou du couvercle qui tournait, je ne voyais ni n'entendais rien. Les gens autour de moi étaient transparents. Aucun son ne me détournait de ma fixation. C'était comme si j'étais sourde : même un bruit fort et soudain ne me faisait pas tressaillir hors de mon monde.

En revanche, lorsque j'étais dans le monde des autres, j'étais hypersensible aux bruits. Chaque été, nous allions en vacances à Nantucket dans la maison de famille. Le voyage comprenait une traversée de quarante-cinq minutes sur un bac. Je détestais cette partie du voyage. Ce qui était passionnant et plein d'aventures pour Maman et pour mes petits frères et sœurs était pour moi un cauchemar sonore, qui violait mes oreilles et même mon âme.

Maman et notre gouvernante nous obligeaient à nous asseoir sur le pont. « Respirez simplement le bon air frais, les enfants », disait Maman.

« De l'air sain ! Il vous donnera des joues rouges comme des pommes, c'est sûr », ajoutait toujours la gouvernante.

Le seul problème était que pour faire entrer le bon air sain, plein de pommes, dans nos joues, il fallait s'asseoir juste en dessous de la corne de brume. La douleur qui me torturait la tête quand la corne de brume hurlait était atroce. Même avec les mains sur les oreilles, ce son blessant les agressait à tel point que je me jetais sur le pont en hurlant.

« Pauvre Temple. Elle n'a vraiment pas le pied marin », disait Maman.

Je vois encore la moue de dégoût de la gouvernante devant la naïveté de Maman. Elle savait, elle. Miss Cray était une vieille fille typique. Elle avait des cheveux gris qu'elle portait en chignon sur l'arrière de sa tête. Des épingles en os de baleine, que je croyais piquées droits dans son cuir chevelu, maintenaient le chignon en place. Elle portait toujours des blouses qui lui donnaient un air de peintre français. Elle avait pourtant de bons côtés et nous accordait, à ma sœur Jean et à moi, toute son attention. Elle jouait avec nous, nous emmenait faire de la luge et jouait du piano pour qu'on puisse faire la parade autour de la pièce. Mais elle jugeait les câlins superflus. Elle ne nous touchait que pour nous punir. Aujourd'hui, des années plus tard, je réalise combien Miss Cray devinait mon angoisse des bruits forts. Un tel bruit ne fait pas qu'effrayer les enfants autistes, il provoque chez eux un malaise intense.

Les goûters d'anniversaire étaient une autre torture pour moi. La confusion créée par les mirlitons qui partaient tout à coup m'effrayait. Je réagissais immanquablement en frappant un autre enfant ou en ramassant un cendrier ou un objet quelconque à ma portée pour le lancer à travers la pièce.

Deborah Fein et ses collègues de Boston ont une conception intéressante de l'origine de l'autisme.

« Chez les animaux, les comportements autistiques pourraient résulter d'un manque d'apports extérieurs, alors que chez les enfants autistes, il s'agirait d'une incapacité à traiter ces apports. Les troubles débutant de façon précoce, ces enfants seraient privés des expériences perceptives qui sont constitutives de perceptions plus subtiles, de concepts, du langage. » Cela confirme des travaux plus anciens sur l'incapacité des autistes à gérer plusieurs stimuli simultanés ou à se concentrer sur un seul aspect d'un stimulus auditif ou visuel complexe. Aujourd'hui encore, si je dois attendre dans un aéroport bondé, je peux bloquer tous les stimuli extérieurs pour lire. En revanche, il m'est presque impossible de filtrer le bruit ambiant pour parler au téléphone. Il en est ainsi de tous les enfants autistes. Pour filtrer les stimuli extérieurs, ils doivent choisir entre l'autostimulation (par exemple, tourner, s'automutiler) ou l'évasion dans leur monde intérieur, faute de quoi ils sont débordés par beaucoup de stimuli simultanés et réagissent par des colères, des hurlements ou d'autres comportements inacceptables. Les comportements d'autostimulation aident à calmer un système nerveux trop éveillé. Certains chercheurs avancent l'idée que les enfants autistes auraient un système nerveux hyperactif et que certains enfants au comportement hyperactif auraient un système nerveux ralenti. L'enfant autiste se stimule pour se calmer, et l'enfant hyperactif est excessivement agité parce qu'il essaie de stimuler un système nerveux insuffisamment éveillé.

Miss Cray, notre gouvernante, a utilisé mon angoisse des bruits comme punition. Si je rêvassais, la cuillère en l'air, au milieu du déjeuner, Miss Cray disait : « Temple, mange. Si tu ne finis pas ta soupe tout de suite, je te ferai éclater un sac de papier au visage. » Elle gardait une réserve de sacs de papier en haut du réfrigérateur pour pouvoir me les faire éclater à la figure si je me comportais mal ou si je me laissais dériver loin du monde des autres. Cette hypersensibilité aux bruits se retrouve chez les adultes autistes. Même aujourd'hui, des bruits soudains comme une voiture qui pétarade me font sursauter et me paniquent. Des bruits forts et aigus comme celui d'une motocyclette sont encore douloureux pour moi.

Enfant, « le monde des autres » excitait trop mes sens. Si j'étais affolée quand dans la journée survenait un changement de programme ou un événement imprévu, ce n'était rien comparé aux fêtes comme Thanksgiving ou Noël qui me terrifiaient. En ces occasions, la maison se remplissait de parents. La clameur des voix, les odeurs – le parfum, les cigares, les bonnets et gants de laine mouillés – les gens qui se déplaçaient plus ou moins vite, qui partaient dans des directions différentes, les bruits et la confusion que cela suscitait, les contacts tactiles constants... m'écrasaient. Une tante très obèse, qui était généreuse et humaine, me laissait utiliser ses peintures à l'huile professionnelles. Je l'aimais bien. Mais, quand elle me prenait dans ses bras, j'étais complètement engloutie et je paniquais. C'était comme être étouffé par une montagne de guimauve. Je me repliais sur moi-même parce que sa tendresse abondante faisait déborder mon système nerveux.

Si j'ai survécu à ces cinq premières années – pas toujours avec grâce –, c'est parce que j'étais volontaire. Ainsi, ma mère a noté dans son journal :

Quand elle s'ennuie ou se fatigue, Temple crache ou enlève ses chaussures et les lance contre quelque chose, souvent en riant. Parfois, ses agissements semblent incontrôlables et, à d'autres moments, ils sont voulus afin de faire sensation. Elle devient de moins en moins raisonnable à mesure que la journée avance et ses comportements bizarres paraissent plus impulsifs. Par exemple, elle crachera, prendra ensuite un chiffon et essuiera comme si elle savait qu'elle ne devait pas le faire mais ne pouvait pas résister à l'envie de le faire. Souvent, elle m'apportera un crayon et du papier et me demandera de faire un dessin. Le matin, si je lui dis « Fais-en un pour moi, toi », elle obéit. Mais le soir, cette même demande provoque sa colère. De rage, elle lance le crayon à travers la pièce. Elle le ramasse en pleurant « bro, bro » (broken : cassé). Elle sait que le crayon se cassera si elle le jette, mais elle ne peut pas contenir sa violente colère.

Temple semble en équilibre sur le fil très fin de la rationalité. Si elle est contrariée, ses réactions sont de plus en plus bizarres à mesure que la fatigue ou la frustration augmentent. Pourtant, consciente que son comportement étrange trouble les gens, elle peut aussi le simuler afin de s'amuser et de créer une situation dramatique.

Ma belle enfant «... quand elle est sage, elle est très très sage et quand elle est méchante, elle est atroce ». Mais je dois souligner que, même aux pires moments, elle est intelligente et passionnante. C'est amusant de vivre avec Temple et elle est une compagne très chère.

Maman a rempli l'échelle diagnostique pour les enfants qui ont des troubles de comportement. Ses réponses sur mon comportement font apparaître quelques-uns des caractères typiques des autistes (voir annexe 1).

CHAPITRE II

Premiers jours d'école

À cinq ans, je suis entrée à l'école maternelle. Cela a entraîné une kyrielle d'émotions de toutes sortes. Maman m'avait expliqué que l'école était un endroit où l'on s'amuse, où l'on rencontre d'autres enfants, où l'on apprend des choses nouvelles. Ça paraissait amusant, mais j'avais peur. Affronter un nouvel environnement me bouleversait et je n'étais pas sensible aux plaisirs de la vie sociale. Heureusement, je ne me rendais pas compte à quel point j'étais différente. Je ne parlais pas comme les autres enfants ; je passais à côté des subtilités du langage. Tantôt je m'échappais dans mon monde intérieur, tantôt mon comportement était si impulsif et bizarre que j'en étais la première effrayée.

L'école que j'ai fréquentée était une petite école privée pour enfants normaux. Maman avait discuté longuement de mes problèmes avec l'équipe pédagogique. Le jour de la rentrée, je suis restée à la maison pour que les enseignants puissent expliquer aux autres enfants que j'étais différente. L'institutrice, Miss Clark, avait des cheveux gris coupés court, et le col de sa robe lui montait presque jusqu'au menton. Son visage était blanc comme celui d'un fantôme, ses lunettes perchées sur le bout de son nez. Je me souviens que chaque fois qu'elle s'approchait de moi son parfum me soulevait le cœur. Après nous avoir enseigné les différents sons de chaque lettre de l'alphabet, elle nous a donné des cahiers pleins d'images. Sur une page, il y avait une boîte, une valise, un oiseau dans un bassin, une chaise, un téléphone et une bicyclette. « Cochez les images qui commencent par un "b" », nous a demandé Miss Clark.

J'ai coché la valise parce que je l'ai prise pour une boîte. J'ai passé l'image de l'oiseau [*bird*] dans le bassin. C'était dans un jardin et j'ai pensé que le son clé était « j ». Mais je ne pouvais pas m'exprimer assez bien pour expliquer à Miss Clark pourquoi j'avais coché certaines images et pas d'autres. Je comprenais le concept du son « b » et j'avais une explication logique pour chaque signe que j'avais tracé. La frustration bouillonnait en moi ; j'avais envie de taper ou de donner un coup de pied pour me défouler. Je me souviens avoir pensé que ce bassin était au milieu d'un jardin et qu'il était donc apparenté au son « j ». J'avais coché la valise parce qu'une boîte est un contenant et la valise un contenant qui ressemblait à une boîte. Même si j'avais su expliquer ma façon de penser à Miss Clark, elle n'aurait pas accepté une telle logique – mon raisonnement ne cadrait pas avec sa façon d'enseigner : noir ou blanc, bon ou mauvais.

Un autre défi à l'école était l'apprentissage du rythme, tâche impossible pour moi. Miss Clark nous faisait nous asseoir en rond et elle s'installait au piano. « Les enfants, écoutez le rythme. » Elle jouait quelques mesures. « Maintenant, frappez des mains en suivant la musique. » Je n'y arrivais pas, les mains de mes camarades se rejoignaient, les miennes s'écartaient.

« Temple, fais attention. »

Miss Clark rejouait. J'étais de nouveau en dehors du rythme. « Pourquoi, fais-tu comme ça ? Tu gâches tout pour tout le monde », disait-elle.

À ce moment-là, je ne voulais rien gâcher, mais je ne pouvais pas écouter la musique et frapper des mains en rythme simultanément.

Miss Clark a recommencé la chanson mais, cette fois, alors que je n'étais toujours pas dans le rythme, elle a dit : « Pose tes mains sur tes genoux, puisque tu ne veux pas suivre la mesure avec les autres. » Le ton de sa voix me mettait hors de moi.

Et puis les autres ont ri. En colère, je me suis levée d'un bon et j'ai fait tomber ma chaise. Miss Clark s'est elle aussi levée, m'a prise par l'épaule et m'a mise au coin où je suis restée jusqu'à la fin de la chanson. Même maintenant que je suis adulte, quand les gens frappent des mains en battant la mesure à un concert, je dois calquer mes mouvements sur ceux de mon voisin. Je peux tenir la mesure assez bien toute seule, mais il est extrêmement difficile de synchroniser mes mouvements rythmés sur ceux d'autres gens ou sur un accompagnement musical.

C'est un phénomène fréquent chez les enfants autistes. Il leur est presque impossible d'accomplir simultanément deux tâches motrices. Des études ont démontré que les autistes auraient un retard droite-gauche au niveau des mouvements corporels. Faire travailler ensemble toutes les parties de son corps est une tâche monumentale.

Mon incapacité à intégrer un rythme était aussi évidente dans mes rédactions. Voici un poème que j'ai écrit à l'occasion d'un devoir en CM2.

Le Moyen Âge

Les Teutrons (sic) *ont eu beaucoup de misère,*
Avec les terribles Huns.
Les Huns sont arrivés dans une averse de lances
Et du château fort un héros surveille.
Quand les Teutrons ont pris des forces,
Ils ont repoussé les terribles Huns.
Tous ces temps sont le Moyen Age,
Mais les moines lisaient beaucoup de livres,
Et un moine restait faire la cuisine.
Les moines ont fait les plans d'un nouveau monastère
Que les ouvriers ont construit facilement,
Pendant qu'un moine mangeait des petits pois.

Les chambres du monastère sont petites,
Mais les moines sont à l'aise, même les plus grands.
Ils ont leurs appartements,
Et dans la salle à manger ils dînent,
En étant humbles comme les moines doivent l'être.
Les moines sont bons et aident les pauvres.

Un moine a trouvé un homme pauvre, très pauvre,
Et lui a donné de l'eau dans une bassine.
Il l'a amené au monastère,

Et lui a donné plein de nourriture.
Le pauvre était si heureux.
Et bientôt le pauvre est devenu moine.

L'institutrice a écrit sur la rédaction : « Temple, sur le plan historique, c'est juste – mais en tant que poésie ça n'a aucun rythme. Avec tes capacités, tu te dois de faire plus attention. » Je faisais attention, mais mon incapacité à exprimer mes sentiments et mes pensées en suivant un rythme sabotait mes efforts.

En CE1, j'ai commencé à rêver d'un mécanisme magique qui apporterait une stimulation tactile intense et agréable à mon corps. Telle que je l'imaginais, cette merveilleuse machine ne remplacerait pas les câlins de Maman, mais elle serait disponible à tout moment pour me soulager. Je sais maintenant que le rêve que je faisais enfant d'une machine magique correspondait à ma quête d'un moyen de satisfaire le besoin impérieux que mon système nerveux défaillant avait de stimulations tactiles. Puisque la gouvernante, qui a vécu avec nous, de ma troisième à ma dixième année, ne faisait jamais de câlins, ni même ne nous touchait ma sœur et moi, je désirais ardemment qu'on me prenne dans les bras avec tendresse. J'avais tellement envie qu'on m'aime – qu'on me câline. En même temps, je me dérobais aux câlins trop enveloppants comme ceux de ma tante trop obèse, trop tendre, trop guimauve. Sa tendresse, c'était comme se faire avaler par une baleine. Et si la maîtresse m'effleurait, je tressaillais et reculais. Mais, en fait, je désirais profondément cette tendresse que je fuyais. Mon système nerveux, mon cerveau endommagé me retenait prisonnière. C'était comme si une porte coulissante en verre me séparait du monde de l'amour et de la compréhension humaine. On doit trouver un équilibre entre enseigner le plaisir de la sensation tactile à un enfant autiste et le paniquer par la peur de se faire engloutir. À dix ans, j'atteignais 9 sur l'échelle Ayres de défense tactile, qui comporte quinze échelons. Les comportements de défense tactile ressemblent à l'hypersensibilité. Les vêtements de laine, par exemple, me sont toujours intolérables. Je n'aime pas les chemises de nuit parce que sentir mes jambes qui se touchent m'est désagréable, et il m'est difficile de rester sans bouger pour un test de glaucome ou de me faire enlever un bouchon de cérumen d'une oreille. En revanche, j'aime sentir autour de mon cou la pression d'un col roulé.

La stimulation tactile, pour moi et pour de nombreux enfants autistes, est une épreuve dont on ne sort jamais gagnant. Notre corps crie son envie de contact humain, mais au moment où il se produit, nous reculons de douleur et de confusion. Il m'a fallu attendre vingt-cinq ans pour réussir à serrer la main et à regarder quelqu'un en face.

Puisqu'il n'existait aucune machine susceptible de me procurer un bien-être par magie, enfant, je m'enveloppais dans une couverture ou je m'écrasais sous les coussins du canapé pour satisfaire mon désir de stimulation tactile. La nuit, je bordais mon lit bien serré et je me glissais sous les draps et les couvertures. Parfois, je portais des cartons comme un homme-sandwich parce que leur pression sur mon corps me plaisait.

Ce besoin de stimulation tactile ne se limite pas aux enfants qui ont des troubles autistiques. Des expériences ont montré que les bébés élevés en institution se développent mal s'ils ne sont pas câlinés, alors que les prématurés profitent des stimulations tactiles et cinétiques. Même les jeunes singes privés de contact maternel vont s'accrocher à un rouleau à peinture en tissu éponge pour rechercher le bien-être d'un contact.

Certains experts croient que le manque de stimuli tactiles peut entraîner l'hyperactivité, un comportement autistique, violent ou agressif. D'autres pensent que même un contact corporel insatisfaisant vaut mieux que rien. Des travaux de recherche ont été entrepris en partant du principe que la violence pourrait être le résultat d'une stimulation inadéquate des cinq sens. Du fait de leur dysfonctionnement sensoriel, les enfants autistes recherchent une stimulation tactile plus importante. Ils préfèrent la stimulation des sens proches, le toucher, le goût, l'odorat par opposition aux stimulations sensorielles distantes, l'ouïe et la vue. Au cours du développement du système nerveux, les sens proches se développent en premier. Chez les oiseaux et les mammifères, le sens tactile se développe en premier. Cela pourrait expliquer la préférence pour les sens proches qu'on trouve chez l'enfant dont le système nerveux est endommagé ou immature.

L'important, c'est de recevoir assez de stimulation et qu'elle soit pertinente – l'enfant doit savoir d'où vient la stimulation. De cette façon, il apprend que certains comportements provoquent des stimuli douloureux et que d'autres amènent des stimuli agréables. Au-delà de la stimulation négative et positive, je me souviens du besoin de contrôler la quantité et la nature des stimulations que je supporterais. C'était une situation conflictuelle. Pour vaincre mes défenses tactiles, il me fallait une stimulation tactile, mais je reculais. Les bébés privés de câlins évitent en grandissant le contact tactile.

Quand j'ai été trop grande pour m'envelopper dans une couverture ou pour ramper sous un coussin de canapé, j'ai essayé d'inventer un autre moyen de me procurer une stimulation agréable. Je pensais à une sorte de machine. Petite, j'aimais déjà les appareils. Le premier modèle de cette « machine » que j'ai imaginé était un costume gonflable qui appliquerait une pression sur mon corps. J'ai eu cette idée en regardant les jouets de plage gonflables en plastique. En effet, j'en avais beaucoup et il m'arrivait de les découper en morceaux. Mais, même découpés en morceaux, j'aimais jouer avec eux. Parfois, je découpais des trous dans les « restes » en plastique pour les porter comme une chemise.

En rêvassant en classe de CE2, j'ai visualisé un autre genre de machine à bien-être. Ce projet était une sorte de boîte ressemblant à un cercueil. Je m'imaginais rampant par l'une des extrémités pour m'y installer. Une fois à l'intérieur, je me coucherais sur le dos et je gonflerais une doublure en plastique qui me serrerait, tout doucement. Et surtout, je contrôlerais la force de la pression exercée par la doublure plastique.

En primaire, j'ai aussi pensé construire un enclos d'environ un mètre de large sur un mètre de haut, juste assez grand pour y entrer et fermer la porte. Cet enclos miniature devrait être chauffé. La chaleur liée à la pression était importante dans la plupart de mes projets imaginaires. Des travaux récents montrent que certains stimuli et comportements stéréotypés semblent diminuer l'excitation. La chaleur et la pression tendent à diminuer l'excitation, surtout dans le cas d'un système nerveux défaillant. Si j'avais eu une machine magique à dispenser du bien-être, j'aurais peut-être pu utiliser sa chaleur et sa pression au lieu de piquer une colère. Je faisais une fixation sur ces projets qui se précisaient et se perfectionnaient à travers chaque nouvelle invention.

Une autre fixation qui m'est venue en CM1 a failli pousser ma famille à bout. Je parlais sans cesse d'affiches, de badges et d'autocollants politiques. J'étais branchée sur l'élection du gouverneur de notre État. Je ne parlais que de son élection à ce poste. Un jour, mon amie Eleanor Griffin et moi-même avons passé toute une après-midi à décoller deux affiches électorales de poteaux télégraphiques pour les accrocher dans nos chambres. Eleanor tenait mon vélo pendant que, debout en équilibre instable sur la selle, je me battais contre les punaises qui tenaient les affiches électorales.

Poser constamment des questions était une autre fixation agaçante : je posais toujours la même question et j'attendais avec plaisir la même réponse – encore et encore. Si un sujet particulier piquait ma curiosité, je m'y consacrais entièrement et j'en parlais jusqu'à épuisement. Il n'était pas étonnant qu'on me surnomme « Moulin à paroles ».

Des questions répétitives et l'obstination à revenir sur un sujet ont été observées chez d'autres enfants qui sont sortis totalement ou partiellement de l'autisme. Même au lit, la nuit, il fallait que je parle – que je me raconte à haute voix des histoires. Me raconter, dans ma tête, une histoire ne me satisfaisait pas pleinement. Il fallait que je la raconte à haute voix – sinon, elle ne me semblait pas vraie. L'un des personnages principaux de mes histoires était Bisban, un personnage de la série télévisée *Our Gang/Little Rascals*. Ce que je préférais chez Bisban, c'était sa capacité à contrôler les choses. Je voulais contrôler les choses et Bisban était mon alter ego. Bisban contrôlait les stores, le thermostat, la lumière dans le réfrigérateur. En tirant sur des ficelles, il faisait n'importe quoi. Mais mon Bisban à moi faisait toutes sortes de choses méchantes, comme nouer ensemble les lacets de papa ou mettre du sel dans le sucrier ou coller le siège et le couvercle des WC ensemble. Ça me faisait vraiment rire ! Aussi, quand je me racontais des histoires de Bisban à haute voix, je pouvais rire, rire, rire...

Quand j'ai atteint mes onze ans, j'ai ajouté des personnages à ma distribution, dont Alfred Costello qui apparaissait souvent dans mes récits. Alfred, qui, lui, existait vraiment, était dans ma classe à l'école et il me taquinait tout le temps. Il se moquait de ma façon de parler, me faisait des croche-pieds quand je passais entre les bureaux, m'appelait « débile », « folle-dingue » et d'autres noms de ce genre. Il était l'agitateur de l'école, le boute-en-train de la classe, la bête noire de tous les enseignants. C'était lui qui avait mis une couleuvre dans le cahier de notes de la maîtresse, une souris dans le tiroir du bas de son bureau, un ver dans la pomme qu'il lui avait offerte. Alfred était un coquin dans la vraie vie et un gros méchant dans mes histoires imaginaires. Dans mes histoires, Alfred éparpillait des ordures sur le terrain de l'école ou tirait la langue à la maîtresse et, quand il se faisait attraper, je rigolais, rigolais, rigolais...

Avoir des fous rires, poser des questions ou tenir un discours sans fin, faire d'un sujet particulier une obsession (comme moi avec mes élections) sont des comportements habituels chez les enfants qui ont des troubles autistiques. Mes fixations diminuaient mon excitation et me calmaient. Trop de thérapeutes, de psychologues croient que si on laisse l'enfant s'adonner à ses fixations, il en résulte des dommages irréparables. Je ne crois pas que ce soit vrai dans tous les cas. On peut diriger les fixations vers quelque chose de constructif. Écarter la fixation peut être imprudent. Souvent, on se débarrasse d'une mauvaise habitude en la remplaçant par une autre. Il en est de même pour les fixations. Mais transformer une fixation en action positive peut être gratifiant. La fixation sur un sujet particulier peut mener vers une forme de communication, entre soi et soi peut-être, mais c'est au moins un pas vers la communication. Si un enfant autiste est bien dirigé, une fixation peut le motiver. Une fixation sur un discours compulsif peut libérer un enfant des frustrations refoulées et de l'isolement qu'il éprouve si souvent.

Les frustrations de l'enfant autiste touchent toutes les phases de son apprentissage. J'étais la dernière de ma classe de CM1 à recevoir le prix d'écriture. C'était une affaire importante pour les enfants parce que, quand l'un d'eux arrivait à écrire assez proprement, il était nommé « scribe » par la maîtresse et recevait une boîte de crayons de couleurs. Le « titre » ne me disait rien, mais je convoitais les crayons de couleurs. En dépit de mes efforts, j'ai été la dernière à recevoir ce prix. Les mathématiques aussi me posaient problème. Je n'arrivais pas à suivre. Juste au moment où je commençais à comprendre un concept mathématique, le maître en présentait un autre. L'apprentissage des maths était d'autant plus difficile que j'avais un maître britannique, Mr Brown. C'était un Anglais bien comme il faut et il nous faisait faire nos problèmes avec un stylo à encre. Il fallait faire les signes « plus » et « moins » avec une règle et travailler « bien proprement ». C'était déjà assez dur d'essayer de comprendre les maths, mais être obligée de travailler proprement en plus, c'était impossible. Malgré mes efforts, mes copies étaient tachées d'encre.

La lecture était la matière où j'étais la plus forte. Maman m'aidait tous les jours après l'école. Grâce à elle, mes compétences en lecture étaient supérieures au niveau requis. Elle a réussi deux choses : elle a amélioré mes compétences en lecture en me faisant lire à haute voix et déchiffrer les mots, et elle m'a donné l'impression d'être une grande personne en me servant le thé. Je me rends compte maintenant que c'était de l'eau chaude citronnée avec un petit goût de thé, mais pour moi, à ce moment-là, c'était du vrai thé de grande. Maman m'a aidée sur le plan scolaire et elle a conforté mon amour-propre.

Une matière me rendait l'école supportable : les arts plastiques – créer quelque chose d'unique avec du carton ou avec de la peinture et de la colle. Petite, déjà, j'aimais confectionner des objets. À cette époque, on négligeait le côté synthétique, global, artistique du cerveau au profit du côté linéaire, séquentiel, langagier de celui-ci. Évidemment un programme fondé sur la création artistique m'aurait encouragée à apprendre. En CM1, Eleanor Griffin et moi étions les premières filles à qui on avait permis de suivre les cours de menuiserie. J'adorais ce cours et j'étais fière de la maquette de navire et du bac à fleurs que j'avais fabriqués. Puis, nous avons été obligées de retourner dans le cours traditionnel de cuisine où j'étais de nouveau nulle.

J'étais absolument infernale avec le professeur de français qui m'avait renvoyée de sa classe parce que je lui avais dit : « Mademoselle Jo-lee, ferme ta bouche[1]. » Et comme cette enseignante assurait

---

1. *Sic*, en français dans le texte (NdT).

aussi le cours de couture, elle n'arrivait pas à comprendre pourquoi je me comportais si bien en cours de couture et si mal en cours de français. C'était pourtant simple : en cours de couture, je faisais de la création et j'étais particulièrement douée en broderie.

Certaines études sur la délinquance chez les jeunes gens doués montrent qu'ils ont des capacités élevées dans les domaines de l'intelligence fluide et de la pensée non verbale par opposition à l'intelligence cristallisée qui demande une formation et une éducation antérieure. L'intelligence cristallisée utilise la médiation verbale, l'inférence sonore et des étapes séquentielles de logique pour résoudre des problèmes. L'intelligence cristallisée est récompensée dans notre système éducatif, où l'on accorde une valeur importante à la régurgitation d'informations apprises. Ainsi, beaucoup de jeunes doués d'une intelligence fluide ne trouvent pas leur place dans une structure éducative traditionnelle. Une autre étude démontre que certaines personnes sont douées pour traiter de grandes quantités d'informations en y dégageant des tendances là où d'autres ne perçoivent qu'une image aléatoire. Cette compétence unique leur permet de trouver la bonne solution à un problème complexe comme celui de déterminer les handicaps dans une course de chevaux. Cette capacité n'étant pas mesurable par les tests habituels du QI le système étiquette mal ces individus et ils deviennent des laissés-pour-compte. Souvent ce n'est pas parce que le jeune doué désire être insolent ou différent mais plutôt parce que ce jeune « entend le battement d'un autre tambour ».

La créativité – faire quelque chose avec mes mains ou mon imagination – était le battement que j'entendais. Par exemple, en CM1, en histoire, nous étudiions les hommes des cavernes et, comme devoir, nous avions à fabriquer des outils en pierre comme en utilisaient les hommes préhistoriques sans faire intervenir aucun matériau moderne comme la colle ou la ficelle. C'était tout à fait mon rayon. Eleanor Griffin et moi avons passé une après-midi à tailler une pierre pour faire une pointe de lance, que nous avons ensuite attachée avec des plantes grimpantes à un bout de bois. Un autre projet de classe a été la visite du musée des Beaux-Arts pour voir les momies dans les collections égyptiennes. J'étais fascinée, stimulée visuellement, et j'ai raconté à ma famille tous les détails de cette merveilleuse excursion. Mais traité dans notre livre d'histoire-géo, ce même sujet était ennuyeux ; je m'asseyais dans un coin et je me réfugiais dans mon monde intérieur où je rêvais à ma boîte magique qui me bercerait comme des bras chaleureux et tendres...

À l'école, mes comportements impulsifs et capricieux, mes grosses colères et mon livret scolaire me gratifiaient d'une triste réputation, mais on me reconnaissait aussi des dons uniques et créatifs. Un jour, l'école a organisé une exposition d'animaux familiers et chacun de nous devait en amener un. Moi, je me suis amenée moi-même. Puisque Maman ne voulait pas que j'amène notre chien parce qu'il resterait attaché toute la journée, je me suis déguisée en chien et je suis arrivée accompagnée de mes maîtres – les jumeaux Reese. Toute la journée, j'ai joué le rôle du chien – j'ai jappé, fait le beau, me suis couchée. J'ai eu un tel succès que j'ai décroché le premier prix. L'année suivante, notre classe a organisé une exposition de jouets et j'y suis allée déguisée en poupée de chiffons. On réservait un bon accueil à mes idées originales.

Ce sont elles, sages ou méchantes, qui m'ont attiré l'amitié de Crystal Swift. Nous tournions sur les balançoires et jouions à des jeux d'associations de mots. Nos fous rires à propos du mot *jello*[1] suivi de « citron vert » suivi de « sauce » n'en finissaient pas. Personne d'autre ne trouvait ça drôle. Elle comprenait mes syllabes estropiées, tandis que d'autres n'y arrivaient pas. Quand un camarade demandait à Crystal pourquoi elle jouait avec une fille aussi nulle que moi, elle répondait qu'elle m'aimait bien parce qu'avec moi elle ne s'ennuyait jamais.

Avec Eleanor Griffin, qui est restée mon amie pendant toutes mes années d'école primaire, nous construisions des forteresses dans les arbres. Eleanor était sage. Un jour, je me suis mise en colère parce que, sous le préau, quelqu'un a imité ma façon de parler et mes mouvements saccadés : je me suis roulée par terre, en donnant des coups de pied à tous ceux qui m'approchaient. Bien que horrifiée, Eleanor s'est comportée en véritable amie et m'a défendue

---

1. Un dessert aux fruits gélifié (NdT).

contre ceux qui me taquinaient et se moquaient de moi. Elle aimait ma façon de dessiner les chevaux. Quand j'ai chanté *America, the beautiful* devant toute l'école, c'est Eleanor qui a applaudi le plus fort.

En CM2, j'ai participé à la confection de costumes pour les pièces de théâtre qu'on montait à l'école pour aider la maîtresse de CE2. C'était quelque chose qui m'amusait beaucoup et j'y excellais, car confectionner des choses fait appel à la créativité et à l'imagination. Même pendant les jeux à l'école, j'essayais d'innover. On jouait à cache-cache. Pour confondre celui qui s'y collait et toucher le but, j'enlevais mon manteau, je le bourrais de feuilles et l'installais là où il le verrait. Quand il partait attraper le manteau plein de feuilles, je courais au but et gagnais. Je cherchais toujours à innover, quel que soit le domaine.

Je déployais aussi des trésors d'ingéniosité pour faire des bêtises. Une fois, en visite chez ma copine Sue Hart, nous jouions dans son grenier à foin. Du grenier, nous avions une vue plongeante sur le jardin de Mrs McDonnell, notre maîtresse de CM1. « Chiche que tu n'arriveras pas à jeter la petite balle rouge dans le bassin aux oiseaux de Mrs McDonnell », m'a lancé Sue. Relevant le défi, j'ai lancé la balle du grenier et elle a rebondi en dehors du bassin. Pour une raison inconnue, il y avait une centaine de grosses bouteilles de whisky marron vides dans ce grenier à foin. « Pourquoi tu ne jettes pas une bouteille de whisky ? », a continué Sue.

J'ai donc jeté une bouteille et elle a cassé le bassin. (Aujourd'hui, Sue, l'instigatrice de ces actions monstrueuses, est haut fonctionnaire au gouvernement fédéral.) Nous nous sommes mises à jeter toutes les bouteilles de whisky que contenait le grenier à foin contre la cheminée de la maîtresse de CM1, sur son trottoir, sa véranda, ses rosiers. Il y avait du verre cassé dans tout le jardin.

Le lendemain, à l'école, Mrs McDonnell nous a raconté les dégâts qu'avait subi son jardin. Pour me disculper, j'ai pris les devants ; je me suis assise à côté d'elle à la cantine, et lui ai glissé que ce qui était arrivé à son joli jardin était une chose terrible.

« Merci, Temple, de t'en préoccuper. » Mrs McDonnell m'a souri chaleureusement.

Pour une fois, je l'ai regardée droit dans les yeux et je lui ai dit que je n'avais aucune idée de qui aurait pu dévaster son jardin, mais que, de la maison de ma copine Sue, nous avions vu Robert Lewis et Burt Jenkins près de chez elle ce jour-là.

« Merci de me l'avoir dit, Temple, tu es une gentille petite fille de t'en préoccuper. »

Mrs McDonnell s'est relevée et s'est dirigée d'un pas décidé vers la table où étaient assis Robert et Burt. Je l'ai regardée les amener au bureau du directeur. Je n'avais aucun remords de leur avoir attiré des ennuis. Ils se seraient peut-être comportés de la même manière s'ils y avaient pensé. De plus, ils le méritaient puisqu'ils étaient méchants avec moi et me tourmentaient sans cesse. Aujourd'hui, je comprends que c'est un tour pendable que je leur ai fait. Mais, enfant, autiste, incapable de me défendre physiquement ou verbalement, cela me semblait juste.

Une autre fois, nous étions chez mon cousin Peter Nash. Peter avait le chic pour s'attirer des ennuis. Une fois, il a incendié un entrepôt. Ce jour-là, nous étions assis sur les marches devant l'entrée de sa maison. « Ces débiles de voisins, grogna Peter, ont raconté à mon père que je prends un raccourci en passant sur leur pelouse tout le temps. Sales cafteurs. »

J'opinais de la tête.

« Maintenant, je dois faire le tour du pâté de maisons pour aller chez mon copain. » Peter fixait le jardin des voisins. « J'aimerais tant leur régler leur affaire. »

L'idée est sortie comme ça de ma bouche. « Nous pourrions saccager leur pelouse. Tu sais, jeter des ordures et puis piocher partout avec l'une de ces griffes en métal. »

Peter s'est redressé. « Ouais, on pourrait. » Et puis, il s'est laissé retomber sur les marches. « Mais, je ne veux surtout pas qu'on dise que c'est de ma faute. »

« À qui la faute ? » demandai-je en rigolant. « Ce sont les chiens qui l'on fait. » On s'est mis au boulot et on a saccagé cette pelouse comme une meute de chiens bâtards et nous ne nous sommes pas fait attraper.

On m'a pris sur le fait, quelques jours plus tard, alors que je me rendais à l'église avec mes tennis. Papa m'a disputée. Je me suis sauvée de l'église, lui sur mes talons. Il m'a coincée entre la station-service et un grillage en fer. Mon père était soupe au lait. En fait, dans sa famille, ils étaient coléreux. Récemment, des travaux de recherche réalisés à l'université de Californie à Los Angeles ont montré que certains traits de caractère ont tendance à se transmettre dans certaines familles d'autistes. De la même façon qu'on hérite d'un trait récessif comme les yeux bleus, certains comportements autistiques comme les colères pourraient se transmettre de génération en génération. De façon moins marquée (et normale), je retrouve en moi certains traits de mon père, comme la nervosité et une tendance à s'investir totalement dans un sujet comme les détails d'un programme de voyage.

Au collège, mes colères m'ont amené de sérieux problèmes. Aujourd'hui, j'ai appris à les contrôler. Le moyen est simple. Je ne me dispute pas avec les gens. Quand la discussion dégénère, je tourne les talons. Je ne veux à aucun prix laisser s'exprimer mon tempérament coléreux, car j'ai vu la colère briser les objets précieux aussi bien que l'amitié, les liens de famille.

CHAPITRE III

Nouveaux soucis

À la fin du CE2, mes parents ont pensé qu'une colonie de vacances me serait bénéfique, et ils ont choisi une colonie dont ils pensaient que le personnel serait compréhensif. Maman m'a demandé : « Tu aimerais aller en colonie de vacances, Temple ? »

Je n'ai pas répondu. Une part de moi-même voulait beaucoup y aller – de nombreux enfants de mon école allaient en colonie de vacances –, mais une autre part de moi-même hésitait. Des gens différents. Un environnement différent. De nouvelles expériences. Pour moi, le changement étaient difficile à gérer.

« En colonie, tu bricoleras, tu feras des randonnées dans la nature. Du bateau. Et de la natation. Beaucoup de natation, Temple », continuait Maman.

Peu après la fin des classes, Maman m'a amenée à la colonie en voiture. C'était en bord de mer, dans le Massachusetts, à Cape Cod. Pendant toute la durée du voyage, je n'ai pas arrêté de parler, posant des questions sur les activités, les gens et l'endroit.

« Temple, tu en sais autant que moi », a dit Maman en souriant. « Tu te souviens de la photo dans la brochure ? Il y avait des enfants qui faisaient de la natation et d'autres dans une barque.

– Où est-ce que je dormirai ? »

Maman a ri. « Tu sais, Temple, tu te souviens de la photo des cabanes ? Je t'ai dit que tu serais dans l'une de ces cabanes avec sept autres enfants et un grand, un moniteur. Tu t'en souviens ? »

– Oui, mais comment je reconnaîtrai ma cabane ?

– Quelqu'un te la montrera. Tu vas passer un été merveilleux avec de nouveaux amis et de nouvelles aventures. »

Quand ma mère s'est garée sur le parking poussiéreux, une jeune femme est venue à notre rencontre. J'avais envie de me cacher. Les cabanes avaient l'air plus grosses que sur la photo et il y avait plein de gens qui couraient dans tous les sens en criant et en riant.

« Bienvenue à la colonie Swanee. » La femme a ouvert la portière de mon côté. « Tu es Temple Grandin, n'est-ce pas ? Je m'appelle Nan Armen et je suis la monitrice de ton groupe. »

J'ai regardé le plancher. Je n'ai pas bougé.

« Sors, Temple, et réponds à Nan. » Maman se tenait près de la jeune femme.

J'avais chaud à l'extérieur, mais à l'intérieur j'étais de glace. Lentement, je suis sortie de la voiture. Quelques minutes plus tard, Nan me montrait ma cabane, mon lit, le coffre pour ranger mes vêtements. Quand l'heure du départ de Maman est venue, je suis à peine arrivée à lui dire au revoir, tant j'étais occupée à enfiler mon maillot de bain pour la natation.

Cette première baignade a planté le décor d'une nouvelle fixation pour moi et de nouveaux soucis pour mes parents. J'étais assise sur ma serviette, en train d'enlever mes tennis. Un garçon d'environ onze ou douze ans a lancé à son copain : « Pas la peine de reluquer la nouvelle. Pas de nénés du tout. »

« Nénés ? » j'ai répété, et les garçons ont ri.

Le mot « nénés » était devenu mon mot fétiche pour le restant de l'après-midi. C'était un mot nouveau. J'aimais le sentir dans ma bouche. De ma façon insistante, je l'ai répété encore et encore. Chaque fois que je le prononçais, les garçons riaient. Plus tard, dans la cabane, j'ai encore prononcé le mot. Nan a froncé les sourcils. « Temple, nous n'employons pas ce mot en présence de personnes de l'autre sexe. » Elle m'a expliqué ce qu'étaient les « nénés ». Mais il était trop tard. Le mot était installé dans ma tête et glissait régulièrement sur ma langue.

Ce soir-là, une des filles de ma cabane a fait le chemin jusqu'au réfectoire avec moi et m'a chuchoté que les filles avaient des nénés pour qu'elles puissent nourrir leurs bébés.

« Et les garçons, ils n'ont pas envie de nourrir les bébés ? »

Les lèvres serrées, la fille m'a dit : « Les garçons ont autre chose, un truc qui *fabrique* les bébés. »

« Mais je ne l'ai jamais vu. Où est-ce qu'ils le rangent ? »

« Dans leur pantalon, débile. » Elle a ri. « Si ça t'intéresse autant que ça, demande à un des garçons de te montrer sa bite. »

C'est ce que j'ai fait, le lendemain à la baignade. Le garçon a ouvert de grands yeux ; abasourdi, il a bégayé : « Quoi ? »

J'ai réitéré ma demande.

« T'es folle ou quoi ? » Il s'est éloigné. Quelques minutes plus tard, je l'ai vu discuter avec son copain. Ils m'ont montrée du doigt en riant.

Le reste de la semaine s'est bien passé. J'ai fait de la natation, du bateau et j'ai fabriqué un collier de coquillages à l'atelier de bricolage. Les garçons me taquinaient, mais pas méchamment. Ils me disaient des choses que je ne comprenais pas, comme « t'es baisable », et je répondais « oui, je suis baisable, baisable, baisable ». Et ils riaient. Mais quand je répétais ce genre de chose à Mrs Northrup, la directrice de la colonie, à Nan, ma monitrice, ou à Lynda, l'animatrice de l'atelier de bricolage, elles ne riaient pas, mais se détournaient ou se penchaient pour regarder leurs pieds. Cela ne m'arrêtait pas. J'étais obsédée par mon nouveau vocabulaire.

Au bout d'une semaine, je suis tombée malade. Je me suis réveillée le vendredi matin avec de la fièvre et des frissons. Uriner m'était douloureux. Nan m'a amenée à l'infirmerie où l'infirmière m'a couchée. Diagnostiquant une infection urinaire, le médecin de la colonie m'a prescrit de la gentiane. Toute la semaine, on m'a gardée au lit. Deux fois par jour, l'infirmière badigeonnait mes organes génitaux avec du produit violet. Ensuite, elle m'a introduit un Coton-Tige dans le vagin et ça faisait tellement mal que j'en ai pleuré. Parfois, à l'aide d'un instrument pointu comme ceux du dentiste, elle me fouillait la région génitale. Elle me donnait des cachets qui me faisaient dormir. Une semaine plus tard, quand ma mère est venue me chercher, je ne me souvenais plus depuis combien de temps j'étais à l'infirmerie.

Une fois que je me suis remise de mon infection, à la maison, Papa et Maman sont allés voir le Dr Stein, un pédopsychiatre, sur le conseil du pédiatre qui me soignait depuis ma petite enfance. Maman lui a écrit après la consultation :

Cher Dr Stein,
Je suis rentrée de notre entretien légèrement secouée. Ce ne sont pas tant vos insinuations sur l'origine de l'inadaptation de Temple que les réactions de mon mari à la fin de notre rencontre qui sont en cause. Je crois que mon mari désire ardemment se défendre et le Dr Pelham (le pédiatre de Temple) autant que Mrs Dee (l'institutrice de CE2 de Temple) pensent qu'il est en droit de le faire. L'important n'est pas qu'un enfant ait telle ou telle habitude, mais la façon dont cet enfant se tient et se comporte. On retrouve les mêmes caractères à un certain degré chez tous les enfants, mais c'est la nature compulsive de son comportement qui pose problème. C'est aussi à cet égard qu'elle a fait le plus de progrès. Quand Temple se trouve dans un environnement rassurant, où avant tout elle se sent aimée et appréciée, ses comportements compulsifs diminuent. Sa voix perd ses accents curieux et elle se contrôle. À la maison, il n'y a aucun problème. Dans notre quartier, avec quelques bons amis, elle s'y prend de mieux en mieux. Elle est devenue copine avec deux autres petites filles. Elle les apprécie et vice versa. Elles jouent ensemble,

comme Temple n'aurait jamais pu le faire l'été dernier, et l'été dernier ces deux petites filles ne l'aimaient pas du tout. Leur relation est celle de trois petites filles normales et heureuses. Son comportement s'améliore à l'école. Les difficultés surviennent quand elle est fatiguée ou à la rentrée des classes, après les grandes vacances, quand elle doit se réadapter. Les groupes importants et bruyants l'embrouillent. Pour ce qui est du travail, elle perd beaucoup d'énergie à se plaindre, à courir à droite et à gauche mais finit par se mettre au boulot. Elle a envie de se trouver près de quelqu'un en qui elle a confiance. Ces progrès sont liés, j'en suis sûre, à l'amour et à l'estime qu'on lui témoigne. Si elle ne se sent pas à l'aise dans son environnement, si elle ne connaît pas ses limites et ne se sent pas acceptée et appréciée, son comportement est désordonné.

Dans toute thérapie (considérons que votre hypothèse d'une blessure psychique est la bonne) qui s'adresse à Temple, l'aspect le plus important semble être l'amour. Comme si, pour rattraper l'amour qu'elle n'a été capable ni d'offrir ni de recevoir pendant ses premières années, elle n'est bien maintenant que quand elle se sent aimée. Ceux qui veulent sincèrement lui apprendre quelque chose prennent plaisir à la côtoyer et partagent avec elle ses meilleurs moments. À l'école, ses camarades ont appris à accepter ses excentricités, car sa fréquentation est riche d'enseignement. J'ai entendu une petite fille dire : « J'aime Temple parce qu'elle a un tas d'idées et confectionne des choses. » À la fin d'une journée particulièrement réussie, quand Temple est rentrée à la maison en bavardant de « mes amies » elle est partie dans sa chambre faire un ménage du tonnerre – parce qu'elle était heureuse et aimée. Elle voulait être sage et elle savait que je serais contente de la voir ranger sa chambre. Elle veut dire « je t'aime, Maman » parce qu'elle est heureuse. Les deux sont synonymes.

L'école de Valley Country a extrêmement bien réussi à aider Temple à vivre avec son tempérament nerveux et à *développer ses talents. Son institutrice, Mrs Dee, croit que Temple a besoin d'un environnement familial et qu'il faut traiter avec fermeté ses excentricités plutôt que d'en être scandalisé. Temple a besoin de connaître les limites d'une nouvelle situation. Elle n'a pas l'esprit sportif et s'en tire mal dans les compétitions organisées. Elle peut concourir de façon individuelle. Elle a des dons artistiques et est fière de ses travaux d'arts plastiques et de couture. Mrs Dee croit que Temple a surtout besoin de tendresse attentive et qu'il faut toujours qu'il y ait un lien affectif entre elle et l'adulte.*

Instinctivement, nous menons presque tous notre vie de façon à faire plaisir à ceux qui nous entourent, et ainsi, nous acquérons le sens des convenances. Donc, de deux choses l'une, ou bien Temple n'a pas le désir de s'y conformer, ou bien ses impulsions nerveuses sont trop fortes pour qu'elle les maîtrise. À moins que ce ne soit un peu des deux.

S'occuper de Temple n'est ni préjudiciable, ni difficile pour nous. Et je ne nous plains pas. C'est souvent passionnant et source d'inspiration, puisque cela fait appel aux meilleures qualités de chacun. Chaque personne qui s'est occupée de Temple a donné généreusement d'elle-même et Temple a répondu à cette attention. Je suis profondément touchée par l'intérêt et l'amour que les gens lui témoignent. Je m'imagine que c'est pour cela que je suis si déçue de l'incident de la colonie de vacances. Ce sont les premières personnes qui échouent. Je crois qu'elles ont paniqué en grande partie à cause de leurs idées archaïques au sujet de la sexualité.

De plus, Mrs Dee, l'institutrice de CE2 de Temple, avait dit à Mrs Northrup, la directrice de la colonie, qu'une monitrice expérimentée devait encadrer le groupe de Temple. Même si Nan était jeune, jolie et gentille, elle ne donnait pas l'impression d'avoir beaucoup d'expérience. Donc, Mrs Northrup, se sentant coupable, a choisi la solution de facilité et a donné tort à Temple. Ses accusations vont assez loin. Soutenant qu'elle-même et son per-

sonnel étaient plus âgés et plus responsables que nous, elle prétend que Temple était en avance sexuellement, amplement informée et anormalement obsédée par le sexe. Un grand nombre de ses accusations ont été formulées au téléphone, d'une voix basse mais excitée. Mrs Northrup m'a dit : « J'ai entendu un jeune garçon dire à un autre "Elle m'a draguée", quel que soit le sens de cette expression. » Ensuite, sentant qu'elle avait l'air un peu ridicule, elle a ajouté : « Je sais que les jeunes parlent comme ça entre eux, mais je ne sais pas exactement ce que ça veut dire. »

Dr Stein, selon moi, le problème principal était celui de l'infection urinaire de Temple qui la grattait, était douloureuse et la conduisait à se toucher sans cesse. Quand le médecin de la colonie l'a traitée à la gentiane, l'infirmière a fait la remarque : « Vous voyez, l'enfant s'est masturbée » (le syndrome de La Lettre écarlate[1]). Le second problème était le manque de perspicacité du personnel de la colonie. Temple teste les gens presque comme si elle cherchait en eux les limites de son propre comportement. Une monitrice expérimentée s'en serait rendu compte. Mais personne à la colonie n'a endigué le flot de questions de Temple sur les bébés, les différences entre les sexes, les mots tabous ; chacun notait dans son coin tous les incidents pour ensuite comparer les observations. Temple m'a bien dit : « Mrs Northrup ne voulait pas que j'emploie certains mots, donc je ne les ai pas dits devant elle. »

J'ai senti que personne n'avait pris plaisir à côtoyer Temple dans cette colonie. Ils n'avaient qu'une hâte : la voir partir. Seulement, au moment où Temple était déjà dans la voiture prête à partir, l'infirmière s'est permis de

---

1. La mère de Temple fait référence au roman de l'écrivain américain du XIXe siècle Nathaniel Hawthorne. Le personnage principal en est une femme qu'on oblige à porter un « A » brodé pour que tous puissent voir qu'elle est coupable d'adultère (NdT).

dire avec empressement : « Attendez de voir les choses merveilleuses que Temple a fabriquées à l'infirmerie. C'est une vraie petite artiste. » J'avais envie de hurler. L'enfant a été gardée sous calmant à si forte dose qu'elle n'aurait pas pu tracer une ligne droite. Je n'essaie pas de défendre Temple, mais de faire remarquer que son comportement compulsif a pris une tournure sexuelle à cause de la nature de son infection – et non pas parce qu'elle est une perverse à l'aube de la puberté (ce qui est l'interprétation du personnel de la colonie). Cela m'exaspère que l'enfant ait été mise sous calmant et que la direction de la colonie ne l'avoue pas. Ce qui est bizarre chez ces gens, les Northrup, c'est qu'ils semblaient tout à fait chaleureux, tolérants et compétents. Peut-être que si la faute n'avait pas été sexuelle, ils s'en seraient admirablement sortis. Ce sont les premiers qu'on rencontre qui n'ont pas essayé de communiquer avec Temple. C'est d'autant plus triste que Temple a adoré la colonie et se souvient de tous les détails du séjour avec tendresse.

Souvent, quand la vie devient difficile pour Temple, elle pose sur elle-même un regard étrangement mûr pour son âge. La première fois qu'elle a pris un cours de natation, elle n'y arrivait pas, se débattait et donnait des coups de pied. Le maître nageur, un heureux caractère, était patient et drôle, mais l'a traitée avec fermeté. À la fin, Temple m'a demandé pourquoi elle avait autant de difficultés à apprendre à se mouvoir. Après un peu d'introspection, elle a fait un pas en avant. Une autre fois elle a fait remarquer que l'apprentisssage de la vie était difficile, et elle a fait un autre pas en avant. Elle ne voulait pas apprendre à monter à bicyclette, mais constatant que cela la mettait à l'écart, à sa grande déception, elle a fait des efforts et a appris rapidement. Depuis qu'elle est rentrée de la colonie, elle a acquis plus de maturité. Je sais qu'elle a beaucoup réfléchi à ce qui est arrivé. Ces petits éclairs de perspicacité sont peut-être la clé qui l'aidera à avancer.

Je suis contente de vous avoir rencontré, non pas comme un dernier recours, en désespoir de cause, mais *parce que cela peut aider Temple à bien mûrir. Si elle ne peut exprimer ses émotions, au moins elle n'a pas conscience de son handicap. Elle est une enfant heureuse.*

Ne soyez pas effrayé à l'idée de nous annoncer un diagnostic dramatique. On ne cesse pas d'aimer son enfant parce qu'on lui a découvert une blessure psychique. L'enfant reste le même enfant, la famille la même famille et le traitement reste fort probablement le même traitement. L'éducation des enfants est un travail de longue haleine – ce n'est pas un problème énorme et complexe qu'il faut résoudre en trois jours.

Sauf si vous pensez que Temple va se décomposer de façon désespérée à l'adolescence, je ne vois pas que la situation ait changé. Si vous pensez qu'un traitement psychiatrique est nécessaire, naturellement, nous tenons à bien suivre vos conseils. Ça m'intéresse de savoir pourquoi les Drs Cruthers et Meyes, que j'admire énormément tous les deux, ont recommandé un traitement normal pour Temple quand elle avait trois ans, plutôt que quelque chose d'exceptionnel. Les idées et les conseils avisés qu'on nous a donnés nous ont énormément aidés. Nous devons beaucoup à l'hôpital St Luke. C'est avec reconnaissance et confiance que nous y retournons pour d'autres consultations.

Sincèrement,
Mrs Grandin.

Après d'autres consultations, mes parents m'ont amenée chez le psychiatre une fois par semaine. Le Dr Stein était allemand et avait étudié les théories freudiennes. En principe, il devait sonder les secrets les plus intimes de mon subconscient et y découvrir la cause de mes comportements bizarres. (En 1956, la théorie psychologique posait comme hypothèse que l'autisme était provoqué par une blessure psychique. Depuis, les progrès des neurosciences ont montré que cette idée est absurde. L'autisme est provoqué par une lésion du système nerveux central. C'est un problème physiologique.)

Pour moi, le Dr Stein ressemblait à l'un des bonshommes sur l'emballage des pastilles contre la toux Smith Bros. C'était un chic type à qui je parlais et avec qui je jouais. Il gardait des M & M's dans une bonbonnière sur son bureau, pour mon plaisir. Déterrer les racines de ma blessure psychique mythique était une tâche impossible, mais les conseils du Dr Stein à ma mère sur sa façon de travailler avec moi ont été précieux. Maman m'avait appris à lire, elle me défendait quand je m'attirais des ennuis à l'école, ses bonnes initiatives marchaient mieux que des heures de thérapie coûteuse.

Puisque je savais que le psychiatre parlait en particulier à Maman, je taisais certaines choses.

Je n'étais pas du tout sensible aux relations entre les gens autour de moi. Quand ma mère et mon père ont commencé à avoir des problèmes de couple, ma sœur Jeanne disait : « Penses-tu que Maman et Papa vont divorcer ? » Je répondais énergiquement : « Mais non, évidemment. » Puisqu'ils ne se disputaient pas en ma présence, j'étais incapable de sentir les signes plus subtils de tension entre eux. Je m'entendais bien avec Jeanne, qui était de dix-huit mois ma cadette. Mes autres frère et sœur avaient six et huit ans de moins que moi ; Jeanne et moi avons donc grandi ensemble pendant que les deux plus jeunes de la famille étaient compagnons de jeux.

Une autre chose que je n'ai jamais dite au psychiatre, c'était mon désir de construire un appareil qui me procurerait le bien-être par le contact. Même moi, je sentais que ce genre d'idée serait inscrit dans la colonne « bizarre » sur mon tableau. Mais si, au lieu de me noyer dans un raz de marée de stimuli incontrôlés quand ma tante obèse me faisait un câlin, j'avais eu un appareil à bien-être, peut-être que le discours ridicule et répétitif sur le sexe qui m'avait attiré tant d'ennuis ne serait jamais apparu. L'avantage d'un appareil à bien-être serait que je contrôlerais la quantité de stimuli. Je pourrais contenter mon désir intense de bien-être suscité par le contact sans inonder mes sens avec ce déferlement de sensations que mon système nerveux ne pouvait tolérer.

Une étude montre que la masturbation excessive chez les enfants s'arrête quand ils reçoivent plus de tendresse et de câlins de leurs parents. L'appareil à bien-être que j'avais en tête ne remplacerait pas la tendresse de Maman, mais il aiderait mon système nerveux immature et endommagé à tolérer celle des autres qui m'aimaient, comme mon père et ma tante.

Le Dr Stein m'a posé un tas de questions sur l'amour, sur les gens qui m'aimaient et sur ceux que j'aimais. « Et tes amis à l'école ? Tu t'entends bien avec eux ?, demandait le Dr Stein.

– Je suppose. Mais ils me taquinent beaucoup quand même. » Je me suis servi une poignée de M & M's.

« Qu'est-ce que tu fais ?

– Je leur donne des baffes. Des fois. » J'ai penché ma tête en arrière et j'ai fait tomber les M & M's dans ma bouche un à un. « Temple, fais attention. Je t'ai posé une question sur ton père. Continue. Et lui ? Comment t'entends-tu avec lui ? » La main du Dr Stein a fait un moulinet en l'air.

En aucun cas, je ne lui parlerais du tempérament coléreux de mon père. Je me suis servi une autre poignée de M & M's et j'ai regardé le Dr Stein. « Bien. Papa se fâche des fois comme vous et moi – mais on s'amuse bien ensemble. Des fois, je l'aide dans le jardin. Nous plantons des oignons, désherbons ou taillons les rosiers sur le treillage. Ce que j'aime surtout, c'est l'aider sur le bateau. Je polis les garnitures en cuivre. Papa dit que je suis la meilleure polisseuse du monde. » C'était vrai et c'était aussi vrai que Papa était au mieux (comme moi) quand il s'attelait à des tâches manuelles.

Le Dr Stein a incliné la tête et a noté quelque chose sur mon tableau. Pendant deux ans, j'ai régulièrement rendu visite au Dr Stein et j'ai maintenu le chiffre d'affaires des fabricants de bonbons M & M's.

À la fin de mon CM2, Maman a réécrit au Dr Stein :

Cher Dr Stein,
Je crois que c'est le moment de refaire un bilan avec vous. Même si les progrès sont encourageants, il y a divers points que je voudrais qu'on revoie ensemble.
D'abord, à la maison, Temple s'en sort de mieux en mieux. Elle est affectueuse, obéissante, beaucoup plus ordonnée et prête à nous rendre service. J'aimerais bien

que d'autres personnes puissent, à leur tour, constater ce genre de chose. Elle est beaucoup plus autonome, d'une façon saine et ouverte.

Deuxièmement, son travail à l'école est correct sur le plan scolaire, mais elle ne travaille que sous la contrainte. Elle déteste le français et, franchement, elle a été la terreur de son professeur. Elle ne fait ses devoirs qu'à contrecœur, même si ses facultés intellectuelles ne sont pas ralenties quand elle choisit de s'en servir. Je suis au courant de cela puisque, suivant les conseils de son instituteur, je l'aide tous les soirs à faire ses devoirs. Elle a bien progressé depuis le début de l'année, surtout depuis que l'école nous envoie des comptes rendus hebdomadaires à la maison. C'était une demande de ma part et cela a été d'un grand secours pour l'aider à se concentrer sur son travail scolaire. Voici le problème scolaire actuel. Est-ce que Temple pourra continuer après l'école de Valley Country Day dans une école ordinaire ? Est-ce qu'elle pourra suivre le programme ? Est-ce qu'elle saura trouver sa place aux côtés des autres ?

Mr Johnson, son instituteur, ne voit pas pourquoi elle n'y arriverait pas, pourvu qu'on comprenne bien son histoire et qu'elle se retrouve entre de bonnes mains. Le danger est que, nous rendant compte de ses progrès constants, nous soyons trop impatients et optimistes quant à son avenir. Il est difficile, quand on est si proche de Temple, d'arriver à une conclusion réfléchie et objective. Nous avons besoin de votre aide.

J'ai le sentiment effrayant d'avoir trop souvent servi de gouvernail à Temple et je crois que maintenant elle doit prendre elle-même les commandes du bateau. Nous avons un an et demi devant nous pour la préparer à se débrouiller seule dans une nouvelle école, ou bien à envisager une vie différente loin de ses amis. Cela doit être évident pour elle autant que pour nous afin qu'elle puisse garder son équilibre. J'ai essayé de lui faire comprendre qu'elle continuera dans une autre école en fonction de ses résultats. L'endroit où elle poursuivra sa scolarité m'est égal, mais le choix dépendra de son travail. Vous, la famille, son instituteur ne pourront que l'aider, l'encourager et la conseiller. En fin de compte, c'est elle qui construit sa propre vie. Le choix final est le sien. C'est difficile à faire comprendre à quelqu'un qui n'a que dix ans. Malgré tout l'amour que votre famille peut vous donner, elle ne peut pas toujours intervenir pour vous aider.

J'ai l'impression que j'ai tendance à mettre le paquet vis-à-vis de tous ceux qui ont affaire à Temple, pour les placer dans un état d'esprit favorable afin de l'aider. Mais le temps passe et je ne pourrai plus le faire très longtemps. Comment pourrai-je l'aider ? Jusqu'à quel point dois-je la pousser ? Je suis toujours étonnée de voir comment elle peut supprimer un comportement inadapté, si elle en a envie. Actuellement, elle fait énormément d'efforts pour se contrôler. Jusqu'à quel point peut-elle supporter le « stress » et la discipline, qu'ils viennent de moi ou de l'école ? Est-ce que je l'aide ou suis-je en train de lui créer d'épouvantables blocages affectifs ?

Je suis toujours partie de l'hypothèse qu'une discipline maintenue par la famille ou par un éducateur ami est plus facile à accepter que celle d'un étranger. Peut-être pourrez-vous évaluer la situation ?

Parfois, Temple quitte la maison parce qu'elle dit que je lui rends la vie intolérable mais, en même temps, elle compte sur la discipline familiale pour la guider. On me dit qu'elle est aussi responsable en dehors de la maison. Il y a deux familles en particulier qui l'aiment bien et qui sont toujours prêtes à l'accueillir.

Un autre détail m'ennuie beaucoup, c'est cette affaire de sexe. Mr Johnson, son instituteur, me dit qu'il y a des bavardages qui tournent autour des toilettes et des histoires de petites culottes. J'ai suggéré à Temple que ce genre de conversation faisait bébé et gênait les autres. À ma surprise, elle a nié être à l'origine de ces commérages sur le sexe et m'a dit que c'étaient les garçons qui l'avaient mise au défi. Comment puis-je l'aider dans cette situation *sans la perturber ? Nous sommes perplexes et avons besoin de votre aide.*

Mais vous le savez bien, Dr Stein, chez elle il y a tant de bonté, tant d'envie de bien faire, tant de maturité mêlée à ses côtés bébé que si nous pouvons l'aider à se comprendre, elle a tout pour devenir quelqu'un de bien. Je suppose qu'on peut tenir ces propos pour n'importe quel enfant, mais elle est notre enfant. S'il faut prendre des mesures, prenons-les – évitons de nous freiner ou de nous bercer d'illusions. Temple a fait tant d'efforts cette année. Elle mérite vraiment toute l'aide qu'on peut lui apporter. Dans l'attente de vous lire,

Sincèrement,
Mrs Grandin.

CHAPITRE IV

Des journées « oubliables » au collège

Odell Shepard dit qu'« au sens propre, la mémoire d'un homme est ce qui lui sert à oublier ». Mes années de collège cadrent bien avec cette citation. Peut-être parce que cette période de ma vie a été assez malheureuse, je ne me souviens que de morceaux épars. Quand j'entrouvre la porte de mes souvenirs, je suis bombardée d'impressions négatives. Un sentiment d'isolement m'envahit. Ma bouche devient sèche et je sens le désir de m'échapper vers mon monde intérieur, où je ne suis ni accablée de souvenirs de couloirs bruyants pleins à craquer d'élèves, ni blessée par l'attitude de rejet cruel de mes camarades et l'hostilité des professeurs. Comme beaucoup de jeunes autistes, je n'ai pas accepté le changement de bonne grâce.

Après avoir terminé ma scolarité à l'école de Valley Country Day, je suis entrée en 5e[1] à l'école de

---

1. Aux États-Unis, l'équivalent du collège français commence en 5e ; ce changement d'école était donc normal (NdT).

filles Cherry Hill, à Norwich dans le Connecticut. C'était un grand externat privé fréquenté par des jeunes filles appartenant à la petite bourgeoisie. C'était différent de la petite école primaire que j'avais fréquentée avec seulement treize élèves dans ma classe et un seul instituteur qui enseignait toutes les matières. De plus, l'équipe de l'école primaire avait travaillé en étroite collaboration avec mes parents.

La rentrée à l'école des filles Cherry Hill, dont les classes comptaient entre trente et quarante élèves et un professeur différent pour chaque matière, a été une expérience troublante et traumatisante. Je m'y perdais – accablée par la foule, les bousculades et le bruit, et incapable de suivre certaines matières, comme les maths et le français, dont l'enseignement reposait sur des notions trop abstraites. Ces concepts n'étaient pas exprimés clairement par des objets ou des dessins. Mon seul souvenir du cours de maths est celui d'une démonstration pratique du sens de ; gp, la formule pour calculer la surface d'un cercle. Je me souviens que le professeur a pris un cercle en carton et l'a entouré d'une ficelle pour montrer à la classe que la circonférence égalait trois fois le diamètre avec un bout en plus, ce qui donnait en fin de compte 3, 14. Pour moi, c'était du réel. Je l'ai vu et l'ai compris. En biologie, je m'en sortais bien et, là encore, l'apprentissage était visuel plutôt que séquentiel. Comme à l'école primaire, je réussissais dans des domaines créatifs comme la fabrication de bijoux. On travaillait avec de l'argent véritable et je réussissais à dessiner des modèles originaux. Mais, une fois encore, comme à l'école primaire, quand je n'arrivais pas à comprendre une matière, je m'ennuyais, et quand je m'ennuyais, je faisais des bêtises. Quand j'y pense aujourd'hui, je me rends compte que nombre de mes bêtises résultaient, pour une part, de l'ennui, et pour une autre, du frisson qui me parcourait à l'idée de ce qui allait se passer – la réaction de mes camarades – et des risques courus. Ainsi, j'attendais que les filles aient revêtu leur tenue de gymnastique et soient entrées dans le gymnase pour cacher leurs vêtements de classe. À la fin du cours de gym, je riais et riais encore en mon for intérieur à les regarder courir partout à la recherche de leurs vêtements. Souvent, elles devaient assister au cours suivant en tenue de gym. Je cachais toujours mes propres vêtements pour ne pas être soupçonnée.

Un autre tour pendable qui m'amusait était d'attacher les cordons des stores aux bureaux des élèves pour qu'en ouvrant le bureau on les fasse tomber, ce qui créait toute une agitation dans la classe. Ce genre de blagues m'amusait et rompait la monotonie des cours.

Évidemment, l'école a pris contact avec Maman au sujet de mes médiocres résultats et de mes bêtises. Maman a appelé le Dr Stein, mon psychiatre, pour lui faire part de ses inquiétudes. Étant un ami du directeur de l'école des filles de Cherry Hill, il lui a adressé la lettre suivante :

Cher Jim,

Mrs Grandin m'a appelé hier soir parce qu'elle s'inquiète d'un éventuel manque de compréhension au sein de l'équipe pédagogique de votre école en ce qui concerne sa fille, Temple.

Je connais les Grandin depuis juillet 1956, mais j'ai été en contact thérapeutique avec Temple surtout entre décembre 1958 et juin 1959. Temple est l'un de ces enfants peu ordinaires qui ont eu une petite enfance très perturbée et, à ce moment-là, on a pensé, à tort, qu'elle était atteinte d'une lésion cérébrale. Des tests psychologiques, administrés avec le plus grand sérieux en 1956, et encore en 1959, ainsi que ma longue observation de cette enfant, sont en contradiction complète avec cette conclusion. Comme vous le savez, les tests psychologiques mettent en évidence les dysfonctionnements organiques. En 1956, elle a obtenu un QI global de 120, en 1959 un QI global de 137. Elle n'a pas un niveau de fonctionnement tout à fait à la hauteur de ce bon résultat.

Je reprendrai à mon compte l'analyse faite par les psychologues : « En résumé, Temple est une enfant dotée d'une intelligence extrêmement élevée, dont les problèmes sont tels qu'elle n'arrive pas actuellement à libérer son affect et, de ce fait, à utiliser de façon créative cette intelligence. Ses points faibles sont une ouverture un peu trop grande, un niveau d'exploration de la réalité en situation de stress important qui est pauvre et une nature impulsive qui ne devrait pas exister chez une enfant de onze ans. » En revanche, on ne constate pas vraiment de bizarreries, on voit que sa maîtrise intellectuelle est bonne, qu'elle utilise bien son intelligence et qu'elle est capable de faire face aux situations à mesure qu'elles se présentent, même si sa maîtrise elle-même exige une grande partie de son énergie. Temple n'est pas psychotique, elle en est même loin. On pourrait dire que c'est une enfant névrosée – sa personnalité est bien construite et, sauf en cas de tension grave, elle a une bonne maîtrise d'elle-même. Elle est encore en train de développer les aspects les plus prometteurs de sa per-

sonnalité, et les variations que l'on voit chez elle semblent faire partie de ce développement. Elle a fait un chemin étonnant depuis notre dernière rencontre.

Je crois que Temple est une enfant qui a un potentiel énorme et est dotée d'une imagination peu courante, même si quelques-unes de ses bizarreries la font remarquer. Évidemment, elle entre dans l'adolescence et elle quitte une école où l'équipe pédagogique l'a connue à ses pires moments ; cette équipe était d'un grand soutien et s'est montrée enchantée de ses progrès.

S'il vous plaît, faites-moi savoir si je peux faire quelque chose afin de clarifier la situation ou de vous venir en aide, à vous et à votre personnel. Je regrette que nous nous soyons si peu revus depuis deux ans.

Le Dr Stein avait raison. Je faisais des progrès. La plupart du temps j'essayais de m'intégrer – sans faire de vagues – et j'avais une bonne raison pour ça. J'avais été élue au « comité de rassemblement », ce qui était un grand honneur. Une fois par semaine, quand les élèves se mettaient en rang, je faisais le « gendarme ». Si quelqu'un bavardait ou faisait le fou dans le rang, je lui donnais des mauvais points. Puisque j'avais envie de faire partie du « comité de rassemblement » et que j'étais sensible à la reconnaissance qu'on me témoignait, j'avais tiré un trait sur mon numéro de dissimulation des vêtements de gym et autres blagues.

Il y avait d'autres choses qui témoignaient de mes progrès. J'aimais regarder Au-delà du réel à la télévision, j'aimais lire de la science-fiction et j'étais fascinée par la conception de maquettes d'avions. J'essayais de nouveaux modèles bizarres pour voir si j'arriverais à les faire voler. Les objets volants n'étaient pas une nouvelle idée fixe pour moi. Quand j'étais petite, j'avais dessiné un cerf-volant en papier que je tirais derrière mon tricycle. J'ai trouvé qu'en aplatissant les ailes du cerf-volant et en pliant un petit volet vers le haut, au bout des ailes, j'obtenais une meilleure performance ; bien que moins stable, le cerf-volant volait toutefois à un angle plus aigu. Des années plus tard, j'ai vu une publicité sur le *Wall Street Journal* pour un nouvel avion à réaction d'affaires avec de petits ailerons au bout de l'aile tout à fait semblables à ceux que j'avais mis sur mon cerf-volant en papier des années plutôt. Cet intérêt pour les techniques me vient sans doute de mon grand-père qui était ingénieur. Avec un associé, il a fait breveter le composant le plus important du pilote automatique. On l'appelle sonde magnétométrique et il détecte le mouvement des ailes de l'avion dans le champ magnétique terrestre. Cette invention majeure est encore utilisée aujourd'hui sur tous les avions à réaction commerciaux. Grand-père était patient avec moi et avait toujours le temps de répondre à mes questions. « Pourquoi le ciel est-il bleu ? » ou « Pourquoi la marée monte et descend ? » Je posais la question et il me donnait une réponse scientifique dans un langage compréhensible.

Mais malgré mes dons créatifs, il me manquait la capacité de m'entendre avec les gens. En règle générale, mes caprices, ma façon appuyée de parler, mes idées bizarres, mes blagues et mes tours ne les séduisaient guère. Et mes résultats scolaires étaient en général déplorables.

Mais ce n'est ni à cause de mes blagues et de mes tours, ni à cause de mes mauvais résultats, ni parce que j'étais différente que j'ai été renvoyée de l'école de filles de Cherry Hill au bout de deux ans et demi. C'est du fait de mes colères. Les jeunes me taquinaient et je réagissais en leur donnant des baffes. On m'avait avertie qu'un tel comportement n'était pas acceptable. Mais un jour, Mary Lurie, une fille de ma promotion, me dépassant dans le couloir qui menait à notre cours de musique, s'est retournée et m'a regardée. Levant son nez et souriant d'un air moqueur, elle a craché : « Retardée ! T'es rien qu'une retardée ! »

Un accès de colère m'a fait sortir de mes gonds. J'avais mon livre d'histoire à la main. Sans hésiter, mon bras s'est levé en arrière et en avant. Mon livre d'histoire a volé comme un missile téléguidé et a touché Mary à l'œil. Elle a hurlé, et je suis partie, sans même prendre la peine de ramasser mon livre.

Ce soir-là, à la maison, quand le téléphone a sonné, j'ai répondu. C'était Mr Harlow, le directeur de l'école des filles de Cherry Hill. Il n'a même pas cherché à parler à mes parents. Il a simplement dit : « Ne te donne pas la peine de revenir à l'école. Tu es incorrigible. Mrs Lurie est très fâchée. Tu aurais pu rendre Mary aveugle et tout ça à cause de ton caractère coléreux, méchant et incontrôlable. »

J'ai raccroché. Des flots de colère et de frustration montaient en moi, je tremblais, j'avais mal au cœur.

Mr Harlow ne m'avait même pas demandé ma version de l'histoire. Il avait simplement supposé que, puisque j'étais « différente », tous les torts étaient de mon côté.

« Qui était-ce, Temple ? », demanda Maman, « C'est pour moi ?

– Non. » J'ai respiré un grand coup et je suis entrée dans le salon où Maman lisait une histoire à mes petites sœurs et à mon petit frère. Papa lisait le journal du soir.

« Eh bien, qui était-ce ? » Papa a secoué son journal.

« Mr Harlow, le directeur de l'école », et j'ai raconté à mes parents ce qu'il avait dit.

« Renvoyée ! Oh, Temple ! » Maman a posé le livre et s'est précipitée vers moi. « Que s'est-il passé ? »

J'ai expliqué et elle a écouté attentivement. Comme d'habitude, elle m'a défendue. Une fois Papa parti et les petits envoyés au lit, nous avons échafaudé des projets.

Pendant les semaines suivantes nous avons visité toutes les écoles de la région. Finalement, Maman m'a inscrite dans une école avec laquelle elle avait eu de nombreux contacts l'année précédente. Elle écrivait des scénarios de documentaires pour la télévision et en avait fait un sur les enfants atteints de retard mental, pour lequel elle avait reçu un prix décerné par l'État de l'Ohio. L'autre documentaire, pour la chaîne PBS, avait pour sujet les enfants souffrant de troubles affectifs et elle avait, en grande partie, effectué ses recherches à l'école Mountain

Country dans le Vermont. La visite que nous y avions faite laissait penser qu'elle pourrait me convenir. De nouveau, c'était une petite école comme celle de Valley Country Day, l'école primaire que j'avais fréquentée. Il n'y avait que trente-deux élèves à la Mountain Country, et le suivi individuel était donc favorisé. Là, j'étais Temple, une personne comme une autre et non pas une fille différente de toutes les autres élèves comme à l'école de filles de Cherry Hill. Fréquenter une petite école où l'on me portait une attention personnelle m'a aidée à aborder plus facilement mes problèmes.

Mais, dans le grenier de mon esprit, je rêvais toujours d'une machine magique qui me soulagerait et me rendrait moins différente.

CHAPITRE V

L'internat

En janvier 1960, Maman m'a accompagnée à ma nouvelle école. Je regardais fixement les écoliers le long de l'autoroute par la vitre de la voiture. L'espace d'un moment je me suis sentie aussi glacée que la neige, apeurée et inquiète, et l'instant d'après, je mitraillais Maman de questions. « Est-ce que j'aurai ma propre chambre ? Tu as dit qu'il y aurait des animaux. Y a-t-il des chevaux ? Pourrai-je les monter ? C'est encore loin ? Et si je ne m'y plais pas ? Est-ce qu'il y aura des garçons méchants ? »

Maman a ri : « Une seule question à la fois, Temple. L'école de Mountain Country a été créée pour les enfants doués comme toi. Son but est d'aider ces enfants à atteindre leur maximum. Leur donner les moyens affectifs et intellectuels pour se diriger vers les meilleures écoles. Fondée il y a onze ans, l'école a remporté de francs succès. »

Je martelais : « Réussir. Réussir. Je vais réussir.

– Et puis, Temple, tu vas avoir de nouveaux amis.

– Et des chevaux.

– Oui, des chevaux et d'autres animaux de la ferme. L'école propose des cours d'artisanat, des excursions pour camper et faire du canot. De la musique, des projets sur l'écologie, du théâtre, du ballet, du bowling, de la pêche, de la natation, du ski, du patin. Oh, Temple, je crois que tu vas adorer cette école. On peut tout y faire. »

J'ai appuyé ma tête contre la vitre froide. Je me voyais en train d'aller à la pêche, de camper ou de monter à cheval, ces images remplissaient ma tête. Mais une pensée s'est faufilée dans un petit coin de mon esprit. « Et les maths et le français ? Cette école dispense-t-elle aussi ces cours-là ? », demandai-je. Je ne voyais pas où je pourrais caser les maths ou le français dans un emploi du temps rempli d'artisanat et de toutes sortes d'activités.

« Oui, Temple, à l'école Mountain Country il y a aussi des cours de français, de maths et bien d'autres matières. »

Alors que la voiture s'engageait dans un virage raide, là, devant nous, dans la montagne, nichés entre les pins et les érables, on distinguait plusieurs gros bâtiments, une grange et les murs de pierre traditionnels de la Nouvelle-Angleterre.

« Je vois les chevaux ! », me suis-je écriée, en sautillant sur la banquette.

Mountain Country. 32 élèves. Altitude 1 500 mètres.
À peine nous étions-nous garées qu'un monsieur s'est hâté de descendre les marches pour venir à notre rencontre. « Bienvenue, Mrs Grandin. Je suis Charles

Peters, le directeur de l'école Mountain Country. » Il m'a souri. « Et c'est toi, Temple ? » J'ai fait oui de la tête. Il a ouvert la portière et a aidé Maman à descendre.

« Viens avec moi. Je vais vous faire faire le tour du propriétaire et vous expliquer les projets que nous avons pour toi. Je crois que tu vas aimer vivre ici, Temple. Nous avons sept cent cinquante hectares de prés, de lacs, de ruisseaux et de montagnes. Beaucoup de place pour grandir. »

Pendant une heure, il nous a fait visiter le domaine, nous montrant non seulement les classes, le théâtre et la bibliothèque, mais aussi la laiterie, les étables et la bergerie. « Les jeunes qui s'intéressent aux animaux de la ferme peuvent travailler à la laiterie ou dans les étables et nous aider à soigner les animaux. Maintenant allons dans mon bureau, je vais vous expliquer la vie quotidienne, nos espoirs sur le plan scolaire et quelques-uns des objectifs que nous avons pour chaque élève. »

S'appuyant contre le dossier de son fauteuil, Mr Peters commença : « Ici, à l'école Mountain Country, nous croyons que l'autodiscipline et l'autonomie, qualités nécessaires dans la vie adulte – s'acquièrent au prix de certaines contraintes. Nous encourageons nos élèves à participer à la vie de notre communauté, ce qui permet à chacun d'apprendre à être responsable en tant qu'individu et comme membre d'un groupe. Ils sont dès lors mieux armés pour gérer leurs frustrations et surtout pour assumer les conséquences de leur comportement. Notre travail consiste à montrer aux jeunes comment résoudre, par la discipline autant que par la créativité, les problèmes qu'ils rencontrent dans leur vie. »

Il a souligné qu'il y avait quatre aspects essentiels pour l'école et pour l'individu : la compréhension des problèmes de chacun et de la façon d'y remédier, la maîtrise des techniques d'apprentissage, le développement des aptitudes sociales essentielles aux rencontres de tous les jours, et la compétition dans la vie quotidienne à l'école et au-dehors. La philosophie de base de l'école consiste à donner aux élèves la chance de s'accomplir pleinement dans des domaines spécifiques, tout en tolérant des lacunes scolaires ou personnelles dans certains domaines où ils ont des troubles affectifs. Une thérapie directe était possible pour ceux dont l'environnement thérapeutique était insuffisant. Elle comprenait des conseils personnels dispensés par une équipe compétente, pour aider l'élève à se contrôler, à fixer ses limites et à se motiver.

« Alors, Temple, avant que nous ne t'acceptions, nous voulons savoir ce que, *toi*, tu penses de cette école. Crois-tu que tu vas aimer faire partie de notre communauté ? »

Sa question m'a étonnée et ma réponse a été un « oui » appuyé.

« Tu vivras dans l'une des unités familiales. Tu auras des responsabilités et des devoirs – et tu t'amuseras. » Il s'est levé et a tendu la main. J'ai fait semblant de ne pas la voir. « Enchanté de t'accueillir parmi nous, Temple. »

Maman m'a emmenée jusqu'à ma « nouvelle » unité familiale. Nous avons rencontré la responsable de la maison et elle nous a montré ma chambre.

« Temple, je sais que tu vas aimer cette école et que tu vas y réussir. » Maman, sur le point de partir, restait debout dans l'encadrement de la porte. « Je crois qu'il faudrait que j'y aille. »

Je ne l'ai pas regardée. J'ai rangé mes culottes et mes chaussettes dans le tiroir du haut de ma commode.

« La maison va paraître terriblement calme sans toi, chérie. »

J'étudiais les côtes rugueuses de mes chaussettes hautes et parcourais encore et encore les stries de mon doigt. Les inégalités du tricot étaient douces pour mon doigt.

« Tu me manqueras, Temple. » Elle s'est vite approchée de moi et m'a embrassée sur la joue. Je désirais tant qu'elle me prenne dans ses bras. Mais comment pouvait-elle le savoir ? Je restais plantée comme un piquet, piégée par le syndrome d'approche/évitement de l'autisme. J'ai reculé au moment où elle a voulu m'embrasser, incapable de supporter le contact tactile, même celui de la tendresse.

Assise au bout du lit, j'ai regardé partout dans la chambre. Il y avait là tout ce dont j'allais avoir besoin – une commode, un bureau, une chaise, une lampe et un lit. J'ai sorti de mon sac la brochure de l'école Mountain Country et je l'ai relue. Avec des promesses de tendresse, et de compréhension, intégrées à l'éducation, à l'instruction religieuse, aux loisirs, à l'artisanat, à la thérapie clinique et psychiatrique, l'école Mountain Country m'offrait, à moi, enfant autiste, sujette à des colères fréquentes et incontrôlables, une chance d'apprendre sur le plan scolaire et sur le plan émotionnel.

Et apprendre, c'est ce que j'ai fait – et vite.

Le soir même, je faisais la queue avec les autres internes en attendant que sonne la cloche du dîner. Il y avait plein de bavardages et de rires autour de moi, mais personne ne m'adressait la parole. Tout à coup, une fille un peu plus grande que moi a coupé la queue et s'est placée juste devant moi.

« Eh ! Coupe pas », lui ai-je lancé en me mettant devant elle. Je l'ai entendue prendre une brusque respiration.

« Tire-toi, nulle ! », m'a-t-elle répliqué en me poussant.

Impulsivement, je me suis retournée d'un coup et je lui ai donné une claque. Elle a hurlé, et, subitement, les bavardages et les rires se sont tus autour de moi. Le silence de mort qui régnait dans la salle m'a glacée. Un femme plus âgée est sortie de la foule d'enfants et s'est approchée de moi. Je voulais m'enfuir, me cacher, hurler. Elle s'est approchée de moi en me regardant très gentiment : « C'est toi Temple Grandin, n'est-ce pas ? »

J'ai fait oui de la tête.

« Nous devons parler. » Elle m'a prise par le bras et m'a emmenée à l'écart. Normalement, je me serais raidie et je me serais dégagée d'un coup sec. Mais il y avait quelque chose de doux dans la texture de la manche en soie de sa chemise sur mon bras – la pression continue et rassurante de son bras à travers le tissu soyeux m'était agréable. « Phœbe, dit-elle à la fille qui m'avait coupée dans la file, s'il te plaît, réserve deux places pour Temple et moi à ta table. »

Nous sommes allées de l'autre côté de la salle nous asseoir dans un coin tranquille. « Je m'appelle Miss Downey. Raconte-moi ce qui s'est passé, Temple. »

Pendant un instant, je suis restée paralysée. Je n'avais pas l'habitude qu'on me demande ma version des faits lors d'une dispute ou d'une bagarre. Sans regarder Miss Downey, j'ai raconté comment Phœbe avait coupé la file devant moi.

« C'est tout à fait ce que j'ai vu, Temple. Personne n'aime se faire prendre sa place. Mais... » Miss Downey a tendu la main et m'a incliné le menton pour que je sois obligée de la regarder, « ... frapper n'est pas le bon moyen pour régler un désaccord. » Elle m'a parlé de l'entente avec les autres et du contrôle de mes colères. « À l'école Mountain Country, nous n'acceptons aucune forme d'agression physique. Comprends-tu ce que je veux dire ? »

J'ai grommelé « Je ne dois donner de claque à personne », en regardant de nouveau mes pieds.

« C'est ça. Allons rejoindre les autres pour le dîner. Je parlerai à Phœbe plus tard pour lui expliquer le respect dû aux autres et qu'il ne faut pas passer devant les autres dans une file. »

À partir de ce moment, Phœbe n'a plus pris ma place, ni celle de personne autant que je sache, mais moi, j'ai continué de réagir à tout problème par une flambée de colère et une forte claque à celui qui me tourmentait. Pendant mes six premiers mois à l'école Moutain Country, j'ai réglé tout désaccord avec mes poings. Miss Downey était patiente et tentait de me faire entendre raison, mais le jour où j'ai donné une claque à quelqu'un de ma classe parce qu'il avait ri de me voir me prendre le pied dans un arceau de croquet, Miss Downey a suspendu le privilège pour lequel je vivais – monter à cheval – pendant toute une semaine. Je devais rester au dortoir et ne le quitter que pour les cours et les repas. Ni les paroles ni les menaces n'avaient fait plier mon esprit bagarreur, mais le fait de ne plus pouvoir monter à cheval m'a vite remise dans le droit chemin. Je faisais encore des bêtises pendant les cours où je m'ennuyais, mais je ne me servais plus de mes poings pour régler un désaccord.

Même si mon comportement s'améliorait, mes idées fixes empiraient. Pendant plusieurs années mes obsessions – comme les affiches électorales, les questions incessantes et les bavardages sans fin – avaient diminué. Mais au changement d'environnement, j'ai réagi par des crises de nerfs. Comme la plupart des enfants autistes, j'avais besoin de conserver le même environnement, et le changement, de la maison à l'internat, m'a perturbée. Je n'admettais aucun changement. Je portais toujours le même blouson et à peu près les mêmes vêtements tous les jours. Aussi, quand la responsable de ma maison a voulu me déménager dans une chambre plus grande et plus confortable, j'ai paniqué et refusé. En outre, il existait des bouleversements contre lesquels je ne pouvais rien, c'étaient ceux de mon corps. Les changements hormonaux de la puberté contribuaient à augmenter mes crises de nerfs. Avec mes premières règles, les crises de panique devenaient de plus en plus intenses. Ressentant frénétiquement ce bouillonnement en moi, j'étais pareille à un moulin à vent au milieu d'une tornade. Des fantasmes traversaient mon esprit, mon comportement impulsif s'accentuait et mes difficultés relationnelles allaient grandissant. Sans motivation sur le plan scolaire, j'étais la dernière de la classe dans toutes les matières, sauf en biologie.

Les crises de nerfs, le cœur qui bat à tout rompre, la bouche sèche, les mains moites et les contractions dans les jambes constituent les symptômes du « trac ». Mais dans mon cas, il s'agissait plus d'une hypersensibilité que d'une angoisse. C'est ce qui explique le fait que ni le librium ni le valium ne soulageaient mon corps tremblant. La panique augmentait à mesure que la journée avançait et les heures de l'après-midi, de deux à quatre heures, étaient les pires. Vers neuf ou dix heures, le soir, l'inquiétude s'apaisait.

Quand je repense à cette période de ma vie, je me rends compte que l'anxiété que je ressentais était cyclique. Quand j'avais mes règles, mon inquiétude diminuait. Mais, à la fin de l'automne, au moment où les jours raccourcissaient, mes crises d'anxiété empiraient. Des études ont montré que la longueur de la journée peut avoir une influence sur la dépression nerveuse. Le fait d'allonger artificiellement les journées avec un éclairage spécial, « lumière du jour », peut soulager la dépression chez certains. Les crises d'anxiété s'apaisaient aussi quand j'étais malade et fiévreuse (les parents d'enfants autistes ont signalé que le comportement de leur enfant s'améliore quand il a de la fièvre).

Des stimulations diverses, insignifiantes pour la moyenne des gens, déclenchaient une réaction de « stress » complet chez moi. Quand le téléphone sonnait ou quand j'allais chercher le courrier, j'avais une crise nerveuse de « trac ». Et si je n'avais pas de courrier ? Et si j'en avais ? Et si c'était une mauvaise nouvelle ? La sonnerie du téléphone déclenchait la même réaction de panique. Aller au bowling, le soir, me rendait nerveuse et je redoutais les excursions avec l'école. J'avais peur d'être saisie par une crise de panique en public et d'être incapable de la supporter.

Fait intéressant à noter à propos de ces crises de nerfs : la sensibilité à certains stimuli peut être déclenchée chez un jeune enfant alors que la réaction complète n'apparaîtra qu'après la puberté. Dans mon cas, entre sept et seize ans, j'ai eu à plusieurs reprises des vers intestinaux. Les démangeaisons provoquées par les vers m'ennuyaient quand j'étais petite, et mes parents m'ont traitée alors que les vers étaient déjà bien installés. Avant la puberté, les démangeaisons n'étaient qu'agaçantes, mais, après la puberté, les démangeaisons déclenchaient une réelle crise de « stress » avec tous les symptômes physiologiques, les battements de cœur accélérés, la transpiration et l'anxiété. Une démangeaison ordinaire, insignifiante pour la plupart des gens, produisait la même réaction chez moi qu'une fuite devant un agresseur. Des études récentes démontrent que les hormones féminines peuvent altérer la sensibilité du système nerveux. Cela pourrait expliquer ma réaction aux démangeaisons provoquées par les vers intestinaux.

De plus, selon des études récentes, les rats qui ont des stimulations tactiles au début de leur vie ont moins de comportements stéréotypés à la suite d'injections d'amphétamines (substances qui stimulent le système nerveux central) que ceux qui n'en ont pas eu. Si j'avais eu plus de stimulations tactiles, sous la forme de pressions fortes, cette hypersensibilité dont j'ai souffert à la puberté aurait peut-être été moins importante.

D'autres études laissent entendre qu'il pourrait exister un problème au niveau de la régulation de l'activité noradrénergique. La noradrénaline est une substance qui ressemble à l'adrénaline et qui stimule les signaux nerveux et augmente l'excitation dans le cerveau. Le système noradrénergique pourrait osciller entre trop d'activités et pas assez. Selon un article paru dans le *Journal of Autism and Development Disorders* de G. L. Young : « Les étapes successives d'un excès d'éveil pourraient se manifester par une réaction trop importante à des stimuli mineurs, une discrimination et une évaluation altérées des stimuli, des attaques d'anxiété, une désorganisation du comportement ; et l'évitement des stimuli, particulièrement de la nouveauté, en se repliant sur soi-même. »

Les enfants autistes ont aussi des niveaux plus élevés de noradrénaline, substance impliquée dans la transmission des signaux nerveux. Je réagissais donc en suivant un modèle de comportement stéréotypé pour réduire la sensibilité de mon système nerveux surstimulé. À la puberté, je cherchais désespérément à atténuer mon « trac ». J'oscillais entre des comportements bizarres et impulsifs, et le repli sur mon monde intérieur, où je pourrais éviter la stimulation. J'essayais même d'éviter les sorties de classe parce qu'elles me rendaient anxieuse. Parfois des activités intenses comme galoper à cheval ou des travaux physiques fatigants atténuaient temporairement les crises. Mais, la plupart du temps, ma vie entière semblait tourner autour de ces crises de nerfs. Je ne pouvais ni les dominer ni y échapper. J'étais piégée dans un labyrinthe de symptômes physiologiques qui m'angoissaient, me détruisaient et allaient à l'encontre de tous mes acquis antérieurs.

CHAPITRE VI

Le manège

À l'âge de seize ans, je désirais désespérément en finir avec mes crises de nerfs. Les symptômes physiologiques semblaient augmenter de jour en jour. Depuis, j'ai lu dans diverses études qu'on décrit ces crises de nerfs comme une « anxiété de panique » provoquée par une hypersensibilité à la stimulation du système nerveux à travers les modalités tactiles et auditives. Une stimulation visuelle intense ne me dérangeait pas. Dennis Charney et ses collègues de l'université de Yale croient qu'il existe une perturbation dans le système du cerveau qui inhibe normalement les signaux nerveux d'excitation. Aujourd'hui, je comprends cette hypersensibilité et la façon dont elle déclenche une réaction de défense tactile chez les enfants. Mais, adolescente, je vivais les crises de nerfs comme si je m'accrochais à une corde glissante au-dessus d'un abîme.

Et puis, par hasard, j'ai découvert un moyen de soulager temporairement mes crises de nerfs. Pendant l'été, avec l'école, nous avons fait une excursion au parc d'attractions. L'un des manèges s'appelait le Rotor, un énorme baril dans lequel les gens se tenaient contre les parois pendant qu'il tournait rapidement. La force centrifuge les poussait contre les parois du baril même quand le plancher se dérobait.

Rien qu'en regardant mes camarades qui montaient dans ce manège, j'avais peur. Et puis Lou en est descendu et s'est adressé à moi : « Viens donc, Temple. C'est bizarre, mais c'est chouette. » Il m'a lancé un regard entendu. « T'as peur, n'est-ce pas ? Chiche que tu y montes ! »

Effrayée, mais prise au jeu, j'ai acheté un ticket et, les jambes tremblantes, j'ai monté les marches du manège pour entrer dans le baril. Le cœur serré, je me suis appuyée contre la paroi. Le bruit du moteur au démarrage m'a envoyé un frisson le long de la colonne vertébrale. Ensuite, le Rotor a pris de la vitesse, son moteur ronronnait comme un géant. Le bleu du ciel, le blanc des nuages, le jaune du soleil se mélangeaient comme les couleurs d'une toupie. Les odeurs de barbe à papa, de *pop-corn* au caramel et de tacos se mêlaient et finissaient par se fondre en une odeur de fête. Collée à la paroi du baril, je m'attendais à ce que le plancher s'effondre. Ma bouche avait le goût amer de la peur et j'essayais de me serrer au plus près de la paroi. Avec un grincement des gonds, le plancher s'ouvrait sur la terre, mais désormais mes sens étaient à un tel point submergés par la stimulation que je ne sentais ni l'anxiété ni la peur. Je n'éprouvais qu'une sensation de bien-être et de détente.

Après le tour de manège, j'étais bien dans ma peau pour la première fois depuis une éternité. Je montais, encore et encore, dans le baril et je savourais la surstimulation de mes sens, l'abandon tranquille de mon système nerveux d'habitude paniqué et anxieux. Des études récentes sur les enfants hyperactifs démontrent qu'en stimulant leur système vestibulaire deux fois par semaine, en les faisant tourner sur une chaise de bureau, par exemple, on réduit leur niveau d'hyperactivité.

Le Rotor est devenu une obsession, mais quelques semaines plus tard, je me suis retrouvée en proie à des crises de nerfs incontrôlables. Mon cœur cognait si fort que je voyais ses battements soulever mon pull. Je me sentais comme dans un sauna. Mes mains tremblaient et une boule dans ma gorge m'empêchait d'avaler. Ma logique d'autiste me murmura qu'il n'y avait qu'une solution. Il me fallait un Rotor sur le terrain de l'école. Cette fixation m'obsédait, je harcelais la direction pour qu'elle installe un manège. Revenant au personnage imaginaire de mon enfance, Alfred Costello, j'écrivais les messages frénétiques qu'il était censé m'envoyer. Voici une lettre d'Alfred :

Respectez cette lettre. C'est votre seul espoir de survie. Notre école a besoin de votre déléguée de l'Ombre, Temple Grandin.
Je suis l'Ombre. C'est mon dernier conseil. Il y a une raison pour que j'envoie ces messages sur la construction du Rotor. Prenez garde à mon avertissement avant qu'il ne soit trop tard, sinon... Notre école est condamnée à tout jamais si l'on n'y construit pas un Rotor. Des forces mys-

térieuses de l'au-delà, inconnues de tous, conduisent mon action. J'ai besoin de votre aide. Construisez un Rotor. C'est l'unique chose qui empêchera notre école de disparaître car elle est au bord d'un dangereux précipice.

Si l'école tombe dans le profond abîme des temps, vous, les élèves, vous n'en saurez rien tant que vous ne tenterez pas de quitter le domaine. Vous ne pourrez pas franchir les limites de la propriété. Vous vous heurterez à une barrière d'énergie. Vous serez piégés jusqu'à la fin de votre vie. J'envoie les messages pour votre bien. Construisez un Rotor avant qu'il ne soit trop tard. Je ne sais pas pourquoi, mais le Rotor neutralisera les forces qui vous poussent, vous, l'école et son personnel, vers un destin funeste. Parlez au directeur, Mr Peters. Il croira que l'idée est folle, mais il se rendra à l'évidence le jour où sa voiture percutera le champ de forces. S'il vous plaît, pour la dernière fois, avant qu'il ne soit trop tard, respectez la déléguée de l'Ombre. C'est pour votre bien. Je le sais, je le sais, je sais que je meurs. Dépêchez-vous avant qu'il ne soit trop tard, tard, tard.

L'Ombre, Alfred Costello.
Dépêchez-vous avant qu'il ne soit trop tard !

La seconde lettre a été écrite plusieurs jours plus tard :

Salutations, déléguée de l'Ombre :
Avez-vous suivi mes instructions afin d'empêcher notre école de tomber dans la dimension de l'éternité ? Prenez garde à mon conseil. Construisez un Rotor avant qu'il ne soit trop tard. Lorsque l'école s'estompera dans le vide, il sera alors trop tard pour franchir les limites de la propriété de l'école. Il y aura une barrière d'énergie et vous ne pourrez pas la traverser. Vous serez condamnés à vivre à l'école Mountain Country pour toujours. À ne plus jamais vous mêler au monde extérieur. Vous serez les victimes de votre stupidité, n'ayant pas pris garde aux conseils d'un

être supérieur venu de l'autre côté de la barrière du temps. Je sais. Prenez garde à mon avertissement. Construisez un Rotor. Vous me croirez peut-être fou, mais l'Ombre sait. J'enverrai une autre lettre à la déléguée de l'Ombre, Temple Grandin, qui sera le dernier avertissement.
S'il vous plaît, avant qu'il ne soit trop tard...
L'Ombre, Alfred Costello.
Adresse de l'Ombre :
Lunaire 2
Galaxie 2

Malgré mon état d'affolement, je savais que l'Ombre, Alfred Costello, était un produit de mon imagination, une régression vers les histoires que je me racontais enfant, mais je me sentais poussée vers l'action par mon anxiété de panique. À relire ces lettres aujourd'hui, j'ai des difficultés à croire que je les ai écrites. Mais je l'ai fait. Et, comme dans mon enfance, il ne me suffisait pas d'inventer l'histoire, il me fallait la raconter à haute voix pour qu'elle sonne vraie. Ainsi en allait-il de ma fixation sur le Rotor. Il ne suffisait pas de penser qu'on pouvait disposer d'un tel manège sur le terrain de l'école. Il me fallait vivre cette éventualité. J'ai été jusqu'à faire la promotion du manège de la fête en collant des affiches sur les murs du dortoir, ce qui a fait pas mal de dégâts.

Mon surnom était « Obsession ». Quand je revois cette époque de ma vie, je me rends compte que mon comportement ressemblait à la persévération des rats traités avec des amphétamines. Des études démontrent que les rats qui ont été manipulés jeunes ont moins de comportements stéréotypés, suite à des injections d'amphétamines, que ceux qui n'ont pas été manipulés. De plus, l'étude démontrait que les amphétamines provoquaient moins de stéréotypies chez les rats qui avaient été manipulés et ensuite replacés dans le nid avec leur mère que chez ceux manipulés et replacés dans le nid sans la mère. Mais mon comportement n'était pas provoqué par des injections d'amphétamines et les crises de nerfs semblaient de plus en plus sévères et fréquentes. Le monde réel devenait terrifiant – incontrôlable. Les événements étaient de moins en moins prévisibles. J'aspirais à un soulagement, mais j'étais prisonnière de ma détresse physique. Le « stress » se manifestait dans mes paroles, mes actes, mes relations avec les autres.

Et puis, un dimanche, à la chapelle, assise sur une chaise pliante, tenue par l'école de faire acte de présence, je m'ennuyais à mourir... Quand le pasteur a commencé à prêcher je me suis réfugiée dans mon monde intérieur. Un monde pastel et paisible. Soudain un bruit fort m'a fait sursauter. Étonnée, j'ai levé les yeux et j'ai vu le pasteur taper sur le lutrin. « Frappez, dit-il, et il répondra. »

« Qui ? », me suis-je demandée. Et je me suis redressée.

« "Je suis la porte : tout homme qui passera par moi sera sauvé" (Jean, 10, 7-9). » Debout face à l'assistance, le pasteur s'est écarté du lutrin. Il a continué : « Devant chacun de vous il y a une porte qui ouvre sur le ciel. Ouvrez-la et soyez sauvé. » Il s'est retourné et s'est remis au lutrin. « L'hymne 306, "Bénissez cette maison". »

J'ai à peine entendu l'hymne. Comme beaucoup d'enfants autistes, je prenais tout au pied de la lettre. Mon esprit s'est focalisé sur une seule chose. Une porte. Une porte qui s'ouvre sur le ciel. Une porte par laquelle je pourrais passer et être sauvée ! Les voix chantaient et quand j'ai entendu les paroles « Bénissez cette porte, qui s'avérera/Ouverte à jamais vers la joie et l'amour », je savais qu'il fallait que je trouve cette porte.

Les jours suivants, je regardais chaque porte comme une ouverture possible vers l'amour et la joie. La porte de la penderie, la porte des toilettes, la porte de l'entrée, la porte de l'écurie – toutes ont été examinées et rejetées. Ce n'était pas *la porte*. Et puis un jour en retournant vers ma chambre après le dîner, j'ai remarqué qu'on construisait une extension à notre dortoir. Les ouvriers avaient quitté le chantier en fin de journée et je me suis promenée autour de la nouvelle construction. Une échelle était appuyée contre le bâtiment. Jetant mes livres à terre, j'ai grimpé jusqu'au quatrième étage. Une fois là-haut, je suis remontée sur la petite plate-forme qui prolongeait le bâtiment. Là se trouvait la porte ! C'était une petite porte en bois qui s'ouvrait sur le toit. Je suis entrée dans une petite pièce d'observation. Trois fenêtres panoramiques donnaient sur les montagnes. Je suis restée derrière l'une d'elles à regarder la lune se lever derrière les montagnes pour rencontrer les étoiles. Un sentiment de soulagement m'envahissait. Pour la première fois, depuis des mois, je me sentais en sécurité dans le présent et pleine d'espoir pour l'avenir.

Un sentiment d'amour et de joie m'a enveloppée. Je l'avais trouvée. La porte vers mon ciel. Des pensées qui avaient volé de façon aléatoire à travers mon esprit prenaient un sens. Je l'avais trouvée. Un symbole visuel. Tout ce que j'avais à faire, c'était franchir cette porte. Bien sûr, je ne me rendais pas compte à ce moment-là que j'avais une pensée visuelle et que j'avais besoin de symboles concrets pour accéder aux concepts abstraits.

Il faisait presque nuit quand je me suis glissée en bas de l'échelle, j'étais une autre personne à la recherche de ma vérité. Je savais que j'avais trouvé la porte de mon destin. Cette nuit-là, j'ai écrit dans mon journal. « Le Nid de Corbeau est comme un lieu saint. Là, je suis sensible à la beauté de la nature. Quand je regarde par la fenêtre du Nid de Corbeau, je ressens quelque chose de plus. Je dois vaincre mes peurs et ne pas les laisser obstruer mon chemin. »

Les jours et les mois suivants, je suis souvent allée visiter la salle d'observation ou Nid de Corbeau, comme l'appelaient les menuisiers. En entrant dans la petite pièce je me calmais et me sentais remplie d'idées et de découvertes sur moi-même.

Dans l'intimité du Nid de Corbeau, je réfléchissais à mon enfance – la confusion, les efforts que je faisais pour communiquer, les conflits. Maintenant, adolescente, la communication devrait être établie mais le gouffre de l'incompréhension était profond. Était-ce parce que j'étais autiste et que mes parents ne l'étaient pas ? Mes parents ne comprenaient pas ma logique et moi, avec ma pensée visuelle, je ne comprenais pas la leur. Ou bien ce gouffre était-il quelque chose d'universel qui touchait les parents et leurs enfants à certaines étapes de la vie – comme à l'adolescence ? L'amour pourrait-il être un pont au-dessus de cet abîme ?

J'étais toujours plus attirée vers le Nid de Corbeau. Là, je sentais que j'allais découvrir quelque chose sur moi-même. Je me suis rendu compte que j'avais des désirs passagers – comme le Rotor. Et j'ai enfin compris ce que Maman essayait de me dire depuis tant d'années. Chacun doit trouver sa porte et l'ouvrir. Personne ne peut le faire à sa place. Et la petite porte en bois qui menait vers le toit était le symbole de mon avenir. Il suffisait d'y passer.

Un an après la découverte du Nid de Corbeau, je me tenais dans la petite salle d'observation et regardais fixement par la fenêtre. Le ciel étoilé étincelait – me faisait signe d'approcher. Je savais qu'il ne fallait pas ouvrir la petite porte et sortir sur le toit, mais j'étais attirée par la beauté de la nuit et par l'inconnu. J'ai tiré le verrou et entrouvert la porte. Le vent sifflait à travers l'ouverture comme une chanson qui me pressait de le rejoindre. Cependant je restais là, à attendre, à surveiller, à m'interroger... Et puis j'ai poussé la porte donnant sur le toit, l'air vivifiant m'a fouetté le visage et j'ai refermé la porte derrière moi. J'avais fait un pas vers une nouvelle vie, je me promettais de ne jamais plus repasser cette porte dans l'autre sens.

Même si on m'a prise en train de me faufiler vers le Nid de Corbeau et qu'on m'a envoyée consulter le psychiatre de l'école, j'avais ressenti l'éveil de mon âme et de mon esprit. Aucun psychiatre n'allait me voler mes trésors nouvellement découverts.

L'un d'eux a essayé en utilisant sa méthode habituelle : rendre ses patients dépendants pour pouvoir les contrôler (et continuer à toucher ses honoraires), mais j'ai résisté. Il m'a dit : « Temple, tu sais que tu ne dois pas monter dans le Nid de Corbeau. C'est interdit. En plus, c'est dangereux. C'est vrai, n'est-ce pas ?

– Pas pour moi.

– Oh, allons, Temple. Qu'est-ce qu'il y a là haut ?

– Moi. Ma vie. Dieu. »

Le psychiatre a ri. « Tu te comportes comme une femme de marin qui reste sur le quai à attendre un bateau qui n'arrivera jamais. Et il n'arrivera jamais. Promets-moi que tu n'y monteras plus. »

Je n'ai pas répondu et je ne lui ai pas obéi. J'ai continué à me rendre périodiquement au Nid de Corbeau. Maintenant il n'était plus simplement question de « Moi. Ma vie. Dieu », il y avait aussi l'aiguillon du frisson : me faufiler, monter à l'échelle, transgresser l'interdit.

Transgresser l'interdit était encore de mon âge. Dans le Nid de Corbeau, je réfléchissais à l'autorité et aux règlements. De l'autre côté de la petite porte en bois, sur le toit, j'étais au-delà du pouvoir des autorités de l'école. Au début, je pensais qu'une fois que j'aurais franchi la porte, j'échapperais à toute autorité humaine – à toutes les règles et à tous les règlements – et qu'au-delà de la porte il y avait moi, la vie, Dieu et la liberté de choisir. Et puis je me suis rendu compte qu'il y avait des règles au-delà de la porte aussi, celles qu'on trouve à l'intérieur de soi-même.

Même si j'étais davantage en paix avec moi-même, je continuais à m'opposer à l'école et aux cours. Mes notes étaient déplorables et, pire que tout, je m'en moquais. L'école m'ennuyait... m'ennuyait... m'ennuyait. Jusqu'au jour où Mr Brooks, un professeur de psychologie, est entré dans ma vie. Il parlait du comportement des animaux. J'avais toujours aimé les animaux et ce que racontait Mr Brooks à leur propos me fascinait. Un jour, il nous a montré un film sur les illusions d'optique comme la Fenêtre trapézoïdale d'Ames et l'illusion de la Pièce déformée d'Ames. Il a expliqué que la Pièce déformée est bâtie de façon à tromper l'œil. Quand deux personnes de la même taille se tiennent des deux côtés de la pièce, l'une apparaît deux fois plus grande que l'autre. Mr Brooks m'a demandé : « Peux-tu fabriquer une pièce comme celle-là ? Je ne te dirai pas comment. Je veux simplement voir si tu arrives à résoudre l'énigme. »

L'énigme de la Pièce déformée est devenue ma nouvelle fixation. Pendant six mois, j'ai essayé de construire une pièce en carton semblable. Au moins ma fixation a été canalisée vers quelque chose de constructif et a éveillé mon intérêt pour les sciences. Obsédée par l'énigme de la Pièce déformée, j'ai commencé à étudier quelques-unes des matières ennuyeuses pour le cas où j'y apprendrais quelque chose pouvant servir ma recherche.

Mais j'avais toujours du temps pour monter à cheval, faire du ski, participer à des concours hippiques. J'ai travaillé dur à la confection de costumes pour la pièce de théâtre de l'école et j'ai aidé les ouvriers sur le chantier d'une nouvelle maison. Je me débrouillais bien pour poser les bardeaux et j'étais très fière d'arriver à faire le travail le plus compliqué, dans les recoins et autour des chiens-assis. Je n'arrivais toujours pas à me mêler aux autres jeunes de l'école. Ils me taquinaient en m'appelant « Tas d'os », « Cheval de trait » ou « Magnétophone ». Ça me blessait.

Communiquer avec quelqu'un – qui que ce soit – restait un problème. Je paraissais souvent caustique et brusque. Dans ma tête, je savais ce que je voulais dire, mais les mots ne traduisaient jamais mes pensées. Je sais maintenant que le fait de ne pouvoir suivre le rythme du discours d'autrui expliquait en partie ce dysfonctionnement et donnait à mes propos un caractère brutal que je ne souhaitais pas. En revanche, j'arrivais à mettre par écrit mes pensées et, là-haut, dans le Nid de Corbeau, je tenais même le journal de mes sentiments.

Le symbole de la petite porte en bois était important pour moi et beaucoup de mes écrits la concernent. Quand je revois ce symbole, je me rends compte que la porte était une façon de me représenter l'acquisition d'une plus grande maturité et de me préparer à quitter mon école. L'inconnu derrière la porte était le symbole de ce qui m'attendait après l'école secondaire. Être étiquetée autiste ne changeait rien à la question que se pose tout adolescent – y a-t-il une vie après le lycée ?

CHAPITRE VII

L'appareil magique

Derrière la porte plusieurs personnes bienveillantes et compréhensives m'attendaient et étaient prêtes à m'aider. Sans elles, je me serais peut-être retrouvée dans une école spécialisée pour jeunes atteints de retard intellectuel. « Temple tient un record : elle a échoué dans presque toutes les matières. Nous devons regarder les choses en face. Peut-être faudra-t-il l'envoyer dans une école pour handicapés mentaux », avait dit mon père. Maman, que Dieu la bénisse, a pris mon parti. Et ensuite Mr Brooks, le professeur de psychologie m'a lancé un défi avec l'énigme de la Pièce déformée qui, à son tour, m'a donné l'envie d'apprendre – au moins d'en apprendre assez pour résoudre l'énigme.

Un autre professeur, Mr Carlock, a été mon sauveur. Mr Carlock refusait les étiquettes, il devinait les talents cachés. Même le directeur doutait que je réussisse dans une école technique. Mais Mr Carlock croyait qu'il fallait utiliser au mieux les capacités de l'élève. Il a canalisé mes fixations vers des projets constructifs. Il n'a pas essayé de m'attirer vers son monde mais il est entré, au contraire, dans le mien.

Il semblait comprendre que je cherchais à être acceptée telle que j'étais. Je lui ai fait tacitement confiance. Pour expliquer le sens de la Pièce déformée, il a dit : « Il ne faut pas se fier aux apparences, Temple. » Cela me mettait en colère parce qu'avec ma logique en noir et blanc d'autiste, je ne supportais pas l'ambiguïté. Ce que je voyais existait. J'étais inflexible dans mes opinions. Même si je participais toujours aux activités de l'école, mes comportements bizarres et ma brusquerie choquaient. Mr Carlock ne prêchait pas mais donnait l'exemple d'une compréhension de la vie sociale que je lui enviais et tentais d'imiter. Il m'apprenait la subtilité des comportements humains que je ne percevais pas.

Mr Carlock m'a donné à lire des livres de philosophie parce qu'il a reconnu dans mes pensées symboliques certains concepts philosophiques fondamentaux. Un jour, il m'a dit : « Temple, le timbre de ta voix s'est amélioré. Il n'est plus terne. » Plus terne ? Cette remarque m'a intriguée plusieurs jours. En fin de compte, j'ai conclu qu'à mesure que ma perception sociale augmentait, l'intonation de ma voix s'améliorait. Je suppose que je n'en avais plus besoin pour me défendre contre le monde extérieur.

Des années plus tard, j'ai été choquée d'apprendre que des anomalies subsistaient dans ma façon de parler. Je ne me rendais pas compte de la persistance de l'hésitation et du timbre terne qu'avait parfois ma voix. Enfant, au lieu d'une psychothérapie, j'aurais dû bénéficier davantage de séances d'orthophonie. M'exercer avec des enregistrements de ma voix que j'aurais réécoutés aurait été plus utile pour améliorer ma vie sociale que de fouiller dans mon psychisme à la recherche de sombres secrets. J'aurais aimé qu'un de ces psychologues me dise que j'avais un problème de voix plutôt que de s'inquiéter de mon moi. Je me rendais compte que parfois les gens ne voulaient pas me parler, mais je ne savais pas pourquoi.

Mr Carlock était mon professeur, mon ami, mon confident. Une camarade m'a dit : « Les garçons ne t'aiment pas, Temple. Tu n'as pas de *sex-appeal*. » En pleurant j'ai raconté ce commentaire à Mr Carlock.

Il n'a pas ri, il ne m'a pas non plus dit de ne pas m'inquiéter. Il a dit : « Tu es quelqu'un de très doué, Temple – bien plus que quelqu'un qui n'a que du *sex-appeal*. Ce qui attirera les autres vers toi, quand tu seras grande, ce ne sera pas seulement quelque chose de physique mais aussi quelque chose d'intellectuel. »

En quittant le bureau de Mr Carlock, ce jour-là, je me sentais rassurée sur ma valeur. Grâce à lui et à d'autres professeurs dévoués, grâce à la confiance de Maman, j'ai commencé à étudier. J'avais beaucoup de mauvais résultats à remonter mais, pour la première fois de ma vie, je voulais réussir à l'école. L'intérêt que Mr Carlock me portait me motivait. Kanner a suivi quatre-vingt-seize enfants autistes. Il a observé que chez les onze individus qui ont atteint une bonne autonomie à l'âge adulte, il s'est produit un changement de comportement né d'une motivation personnelle à l'adolescence. Il a écrit : « Contrairement à la plupart des enfants autistes, ils prennent conscience avec inquiétude de leurs bizarreries et ils commencent à faire des efforts conscients pour les modifier. » Mr Carlock avait senti que j'arrivais à une étape où changer, avancer était possible et il m'a abordée d'une façon qui m'a motivée à m'ouvrir vers l'extérieur – pour apprendre.

Pendant l'été qui a suivi mon année de première au lycée, j'ai passé un moment chez ma tante Ann dans son ranch de l'Arizona. Elle aussi m'a énormément aidée. Au moment où Maman m'a suggéré pour la première fois de passer mes vacances avec ma tante, je ne voulais pas y aller. Après tout, à part quelques week-ends à la maison, je n'avais pas quitté l'école. C'était la politique habituelle. Mr Peters, le directeur de l'école de Mountain Country, pensait qu'un environnement équilibré et stable était non seulement bénéfique, mais essentiel. Partir pour le ranch signifiait se débrouiller dans un nouvel environnement, plus le voyage lui-même : une exposition hasardeuse à des gens, à des situations et à des endroits différents – tout ce qui tendait à déclencher des crises de nerfs chez moi.

Il existait deux façons de faire face à mon problème nerveux : je pouvais me replier sur mon monde intérieur pour minimiser la stimulation ou je pouvais combattre le feu par le feu – trouver une activité encore plus stimulante et m'y défoncer. Je me rappelais comment la surstimulation du Rotor de la fête foraine m'avait aidée à soulager mes nerfs.

L'intensité écrasante de la stimulation tactile et vestibulaire du manège supplantait ma tendance à éviter cette même stimulation. Je n'avais aucun moyen d'y résister. Par la suite, j'avais trouvé la paix pendant un court moment. Au ranch, il n'y aurait aucun manège de fête foraine pour me stimuler, mais il y aurait des chevaux à monter au galop et un travail physique intense.

Une fois au ranch, j'ai parlé encore de la Pièce déformée d'Ames. J'ai décrit à Ann la pièce telle que je la voyais, je lui ai raconté ma lutte pour résoudre cette énigme et comment, en fin de compte, Mr Brooks, le professeur, m'a donné un livre de psychologie où se trouvait un plan de la pièce. Même si mes nombreuses maquettes en carton de la Pièce déformée n'avaient pas résolu l'énigme, chaque nouvelle maquette que j'avais faite s'approchait de la solution. J'ai étudié le plan et finalement j'ai construit une Pièce déformée en contreplaqué. Obsédée par ma lutte et par ma réussite éventuelle, j'ai répété maintes et maintes fois cette histoire à Ann. Ma tante était bonne, patiente et m'a toujours prêtée une oreille attentive. Il y avait pourtant de quoi devenir fou.

Comme Mr Brooks, elle tentait de diriger ma tendance à l'obsession vers quelque chose de constructif. Elle m'a suggéré de refaire le toit de la cabane qui abritait la pompe, de réparer une barre sur une clôture, de donner un coup de main à la trappe à bétail – un appareil qui servait à tenir un animal pour le marquer, le vacciner ou le castrer.

Le travail physique soulageait mes crises de nerfs et j'étais fascinée par le mécanisme de la trappe à bétail. On conduisait l'animal dans l'appareil et on plaçait sa tête dans la barrière de tête, partie de l'installation qui ressemblait au pilori des premiers colons de la Nouvelle-Angleterre. La trappe à bétail avait des parois de côté en acier et en bois, articulées ensemble à leur base par des charnières pour former un « V ». Une fois l'animal dans l'enclos, sa tête coincée dans la barrière, celui qui actionnait la trappe tirait sur une corde qui, à son tour, tirait sur les parois de sorte qu'elle se serrait contre les flancs de l'animal. Cette pression empêchait l'animal de bouger ou de glisser vers le bas en s'étranglant dans la barrière. J'ai regardé les veaux nerveux, les yeux affolés, un à un, être poussés vers la trappe à bétail. Au bout de quelques minutes serrés par les parois, ces mêmes veaux, les yeux terrifiés et nerveux... se calmaient. Pourquoi ? La pression douce calmait-elle et soulageait-elle les nerfs surstimulés du veau ? Et si c'était le cas, une telle pression douce m'aiderait-elle, moi ?

Pendant des heures, je regardais les animaux apeurés et crispés se faire enfermer dans la trappe à bétail. Et quand les parois serraient doucement leurs flancs, je les voyais se calmer. Finalement, j'ai demandé à ma tante Ann la permission d'essayer moi-même la trappe à bétail. Puisque la pression du contact tactile calmait les veaux, peut-être m'aiderait-elle aussi. D'abord, j'ai réglé la barrière pour qu'elle s'ajuste à la hauteur de ma tête quand je me présentais à quatre pattes et, ensuite, j'ai grimpé dans l'enclos. Ann a tiré la corde qui tirait les parois de la trappe à bétail pour les rapprocher. Je sentais leur pression ferme sur mes flancs. Normalement, j'aurais évité une telle pression comme j'évitais de me faire engloutir par l'étreinte de ma parente obèse et spongieuse dans mon enfance. Mais dans la trappe à bétail, le repli était impossible. Je n'avais aucun moyen d'éviter la pression sans me faire relâcher de la trappe de contention. Le résultat était à la fois stimulant et décontractant. Mais, et c'est plus important pour une personne autiste, c'est moi qui étais maître à bord. Au lieu de me faire avaler par une parente trop affectueuse, je pouvais diriger Ann pour qu'elle applique le niveau de pression adéquat. La trappe de contention me soulageait de mes crises de nerfs. Et, selon mon habitude, j'en ai fait une obsession.

Après les vacances d'été, ma tante Ann a écrit à Maman :

... Comme tu le sais, j'attendais l'arrivée de Temple au ranch avec un mélange d'impatience et de crainte. Tu m'avais répété qu'elle s'accrocherait à une idée et serait peu disposée à la lâcher. J'avais entendu parler de ses colères violentes quand le règlement était trop strict. Puisque je n'imposais aucun « règlement », à part ce que dictaient la raison et le bon sens, je n'ai vu aucune colère. Tu m'as dit qu'elle était débrouillarde et elle l'a été ! Quelle veine pour moi qui suis tout sauf débrouillarde, car il y a toujours sur ce ranch des projets qui ne demandent que l'intervention de quelqu'un qui maîtrise les outils pour les mener à bien. Et Temple était toujours plus que partante.

J'ai acheté du cuir et du décor argenté. Temple a fabriqué des brides décorées d'argent. Les enfants voulaient faire des concours hippiques informels. Temple, sans crainte et avec compétence, a tenu le rôle de directeur de manège et de juge. Nous avions bien besoin d'une porte pour une barrière à bétail qui n'était pas pratique – on ne pouvait l'ouvrir qu'en sortant de la voiture. Avec des allumettes et du fil à coudre, Temple a fabriqué une maquette, calculant les dimensions et les poids ; ensuite elle nous a construit une vraie porte qu'on a pu ouvrir en tirant une corde depuis la voiture. Actionnée par la corde et les poids, elle laisse assez de temps pour passer en voiture, et se referme.

Elle s'est, comme prévu, trouvé un sujet dont elle a fait le tour jusqu'à plus soif. Temple s'intéresse aux symboles et quand elle en trouve un qui pourrait en quelque sorte supporter le poids de quelques-unes de ses peurs et de ses frustrations, elle ne le lâche jamais. La « porte » qui représentait l'ouverture à de nouveaux domaines en supposant de nouveaux efforts, j'en ai entendu parler jusqu'à pouvoir raconter l'histoire mot à mot. Plusieurs fois, je l'ai interrompue au cours du récit. Elle me laissait terminer mon intervention et puis reprenait son histoire exactement là où elle l'avait laissée. Oui, c'était un peu agaçant, mais Temple est fondamentalement pleine de bon sens, elle est si évidemment intelligente et si prête à donner un coup de main pour n'importe lequel de nos problèmes que l'écouter n'était qu'un petit prix à payer.

La trappe à bétail, dont je suis sûre que tu as entendu parler, a été le symbole qui a réconcilié deux forces contraires – l'envie de se soumettre et de prendre plaisir à la contrainte tactile et l'hésitation à laisser qui que ce soit, même toi, sa mère, et encore moins sa tante écrasante, la lui apporter. J'avoue que je ne comprenais pas cette préoccupation de la trappe à bétail chez Temple. En fait, j'ai passé quelques moments très durs à côté d'elle pendant qu'elle se faisait serrer dans la trappe à bétail. Elle ressentait apparemment une sensation agréable mais je pensais fébrilement à ce que je pourrais bien dire au contre-maître *du ranch s'il passait par là par hasard et nous demandait ce que nous faisions. Sans qu'elle comprenne vraiment les raisons de cette fascination, la trappe avait une grande importance pour Temple – c'était un symbole très utile pour l'aider à trouver ses propres solutions aux problèmes. C'est pourquoi j'ai encouragé cet intérêt. Et si, plus tard, Temple construit un prototype pour son usage personnel, tant mieux. Loin d'être quelque chose de malsain, je crois que c'est simplement un aspect de la façon dont son esprit insolite résout ses problèmes insolites.*

Je suis fière d'avoir participé, même si ce n'est qu'un petit peu, à l'expression de cette intelligence afin de lui permettre de travailler de façon constructive, chose dont je sais qu'elle est capable. Je sais qu'un jour viendra où je dirai joyeusement, « je la connaissais à l'époque... »

Bises,
Ann Brecheen.

À la rentrée, cet automne-là, j'étais encore obsédée par la trappe à bétail. Mr Carlock a dirigé cette fixation vers un projet constructif. Sur ses conseils, j'ai fabriqué un appareil similaire avec des chutes de bois. Mon projet de trappe de contention inquiétait le psychologue scolaire qui m'a dit en riant : « Temple, je n'arrive pas à décider si ton machin représente un prototype de la matrice ou un cercueil.

– Ni l'un ni l'autre », ai-je répondu.

Il s'est tortillé sur sa chaise. En se raclant la gorge, il s'est penché sur son bureau vers moi comme s'il voulait partager un secret. « *Nous* n'avons pas de problème d'identité, n'est-ce pas ? Je veux dire que nous ne pensons pas que *nous* sommes une vache quand même ?

– Vous êtes fou ou quoi ? Évidemment que je ne me prends pas pour une vache ou pour quelque chose dans ce genre-là. Vous pensez que vous êtes une vache, *vous* ? »

À la fin de l'entretien, le psychologue s'est mis en colère. « Tu as fait bien des choses étranges, ici, à Mountain Country, Temple, et l'équipe a essayé de se mettre à ta place et de faire preuve de compréhension. Mais cette boîte à serrer – c'est bizarre. Je n'ai plus le choix. Il faudra que j'en parle à ta mère. »

Le service de psychiatrie jugeait également mon projet étrange – malsain – et pensait que je ne devais pas m'en servir. Ils ont même été jusqu'à tenter de me l'enlever, ce qui n'a fait qu'augmenter ma prédisposition aux crises de nerfs. L'école a convaincu ma mère que l'utilisation de la trappe de contention me faisait du mal. C'est devenu une pierre d'achoppement entre nous et cela m'a poussée, encore davantage, à prouver que la sensation de détente que la trappe de contention me procurait pourrait aussi se produire chez d'autres. Ce n'était pas qu'un produit de mon esprit bizarre. C'était quelque chose de réel. Pour la première fois de ma vie, apprendre avait un sens – un sens qui menait plus loin que la solution de l'énigme de la Pièce déformée –, une véritable raison. Pourquoi la pression de la trappe à bétail calmait-elle les veaux effrayés et m'apportait-elle la paix à moi aussi ?

Souvent, assise dans le Nid de Corbeau, je réfléchissais à cette question et à mon destin. Peu importait ce que l'avenir me réservait, je savais qu'il me fallait franchir la petite porte en bois, symbole de salut, de joie et de bonheur. La porte. La porte. La porte. Ce qui se trouvait au-delà était ce que j'en ferais. Il fallait que j'aie confiance en moi, en mes idées, avant de pouvoir inspirer confiance aux autres. J'avais beaucoup d'idées effrayantes – quelques-unes sur le sexe. J'essayais de les chasser, de faire semblant qu'elles n'existaient pas, mais elles étaient là.

Souvent, dans la trappe de contention, j'ai eu des sensations agréables et j'ai pensé à l'amour. Enfant, je rêvais d'une petite niche d'environ un mètre de large sur un mètre de haut. La trappe de contention que j'ai finalement construite était cette niche secrète, convoitée, de mes rêves enfantins. Parfois, je m'inquiétais à l'idée que la trappe de contention allait m'écraser, que je n'arriverais plus à survivre sans elle. Ensuite, je me suis rendu compte que la trappe n'était qu'un appareil de contention fait de chutes de contreplaqué. C'était une invention que j'avais conçue. Les sentiments et les pensées qui me venaient dans la trappe pouvaient exister en dehors. Les pensées étaient le fruit de mon esprit – pas de la trappe de contention. À l'intérieur de la trappe, je me sentais plus près de gens comme Maman, Mr Peters, Mr Brook, Mr Carlock et tante Ann. Même si la trappe de contention n'était qu'un appareil mécanique, elle a fait une brèche dans une barrière de défense tactile. Je sentais l'amour et la sollicitude de mes proches et je devenais capable d'exprimer mes sentiments envers moi-même et envers les autres.

C'était comme si une porte en accordéon avait été dépliée, mettant à jour mes émotions.

Au début, la trappe que j'ai construite ressemblait beaucoup à celle du ranch. Quelqu'un devait m'y enfermer et m'en délivrer, ce qui n'était pas pratique. J'ai donc bricolé la trappe pour pouvoir, seule, l'ouvrir et la fermer. La trappe de contention ne m'a pas seulement donné les moyens d'exprimer mes sentiments ; puisque je ne me permettais pas l'accès à la stimulation/détente de la trappe tant que je n'avais pas terminé mon travail scolaire, la trappe de contention me tenait lieu de motivation.

Enfin est arrivé le jour de la remise des diplômes. J'allais franchir la première de toute une série de portes. J'ai été choisie pour faire l'un des discours.

Discours de remise de diplômes
12 juin 1966

Dans la vie de chacun vient un jour où l'on sort de l'enfance et où l'on franchit une porte vers l'autonomie. Il y a trois ans, j'ai élargi mon horizon pour la première fois. Au quatrième étage de notre nouvelle maison, il y a une petite pièce triangulaire appelée le Nid de Corbeau, d'où l'on a une vue sur tout le paysage. Un soir, en revenant de dîner, j'ai remarqué une échelle appuyée contre le bâtiment, j'ai grimpé et je suis entrée dans la pièce d'observation. J'ai fixé la nuit neigeuse et venteuse à travers les carreaux givrés et je me suis rendu compte que j'avais trouvé un endroit où je pourrais me retrouver seule et en paix avec moi-même. C'est là que j'ai commencé à réfléchir à mon avenir après mon départ de l'école. Une petite porte en bois donnant sur le toit symbolisait un grand pas vers l'avenir. Je croyais qu'au moment de passer cette porte pour sortir sur le toit je serais maîtresse de moi-même.

Pour être capable de franchir la petite porte, on doit avoir la maturité nécessaire pour relever les défis et les responsabilités auxquels il faut faire face. On doit avoir confiance en soi et faire confiance aux autres. On doit souvent faire confiance aux autres. On doit affronter ces situations sans crainte parce que la confiance triomphera de la peur.

Maintenant que j'ai travaillé au ranch de ma tante dans l'Arizona et que j'ai fait face aux réalités de la nature, je sens que j'ai déjà franchi cette petite porte. Au ranch, j'étais le seul maître à bord. C'est ainsi que j'ai franchi la petite porte. J'ai demandé à ma tante de m'enfermer dans une trappe de contention pour le bétail qui me rendrait complètement dépendante, incapable de m'échapper. Il fallait que j'aie confiance en ma tante, que je sache qu'elle ne s'en irait pas, qu'elle ne m'abandonnerait pas dans la trappe à bétail. En marchant le long du couloir étroit qui menait vers la trappe de contention, je voulais m'enfuir pour éviter de me laisser enserrer par les parois d'acier de la trappe. Je devais y entrer calmement et tranquillement sans hurler ni lutter quand le levier qui formait un collier métallique autour de ma tête s'abaisserait. Je savais qu'il fallait affronter le fait que je ne pouvais pas me sauver en arrivant sur le seuil de la petite porte. Un plan légèrement incliné menait à la trappe à bétail. J'ai eu une envie panique de m'échapper avant que les barres d'acier ne me prennent au piège. Mais je me suis maîtrisée et je ne me suis pas cognée contre les parois. Quand je suis arrivée à me donner les moyens de demander calmement et doucement à être délivrée, ma tante Ann a relâché les parois à serrer et je me suis retrouvée libre. Cette année, je me suis rendu compte que si quelque chose en vaut la peine, il faut y consacrer un peu de son énergie personnelle. Franchir la porte a symbolisé ma décision de remonter mes notes et de travailler dur. Cette porte était la première étape d'une longue ascension vers mon objectif scolaire :

mériter le diplôme de cette école. Recevoir son diplôme, c'est comme grimper à une échelle vers une porte dans le ciel. Chaque bon résultat est un barreau de plus. Au sens figuré, j'ai grimpé à une échelle vers une porte au quatrième étage sur le côté de la maison principale. Je me tenais en bas de l'échelle et je me demandais comment j'y arriverais. Lentement, j'ai grimpé, me forçant, barreau après barreau, à monter à l'échelle pour atteindre la porte. Quand je me suis trouvée devant la porte, je savais que je le ferais. Je savais que j'étais capable de mériter mon diplôme.

Aujourd'hui, je suis en haut de l'échelle et je suis sur le point de franchir la porte qui s'ouvre sur mon avenir. Je ressens de mieux en mieux dans mon cœur la gentillesse et l'amour que Mr et Mrs Peters m'ont offerts afin de m'aider à atteindre cet instant de ma vie. Je sais que je leur serai toujours reconnaissante et je me souviendrai d'eux pendant que je grimperai au sommet de ma prochaine échelle. En franchissant la porte symbolique je pense aux paroles de la belle chanson Tu ne marcheras jamais seule du film Carrousel.

Aujourd'hui, plus que jamais, je me rends compte qu'ici, à l'école Mountain Country, j'ai toujours été très entourée. Je remercie non seulement l'équipe de l'école mais aussi ma famille et mes amis.

CHAPITRE VIII

Une petite porte

Après avoir reçu le diplôme de Mountain Country, je suis repartie chez ma tante dans son ranch de l'Arizona. Je me sentais bien – nullement stressée – parce que je retournais auprès de gens que je connaissais bien, dans un endroit familier où m'attendaient les tâches familières du ranch. Peu après mon arrivée, Maman m'a écrit :

Chère Temple,
C'est merveilleux d'apprendre que la jument d'Ann a eu un poulain. Donne-lui une tape affectueuse sur le nez de ma part. Je dois dire que ta description du marquage m'a paru écœurante. Je ne crois pas que j'aurais été capable de le faire.
Tu sais, je réfléchissais à notre conversation à propos de l'amour et je me demandais comment on pourrait coucher sur le papier ce qu'est l'amour. Il me semble que l'amour c'est vouloir faire grandir les choses en grandissant soi-même. D'abord, on veut grandir soi-même et l'on se crée des symboles pour le faire. Souviens-toi de ta trappe à bétail. Au début, tu l'as construite parce que tu

t'ennuyais et souffrais de la nostalgie du ranch. Ensuite, à mesure que tu t'investissais dans cette recherche, elle est devenue symbole de la maturité que tu avais acquise dans l'Ouest – cette porte que tu as entrebâillée. En d'autres termes, ton envie de grandir. Vouloir grandir, c'est s'aimer vraiment, aimer la meilleure partie de soi-même. Cet amour est représenté par la trappe à bétail (ton besoin d'amour physique est aussi lié à la trappe à bétail). Quand on a appris à s'aimer, on se met à vouloir que les autres s'aiment eux aussi pour qu'ils puissent grandir à leur tour – pour qu'ils puissent franchir leur petite porte. Aussitôt qu'on s'investit pour faire grandir quelqu'un ou quelque chose, l'enjeu est considérable. Dans le ranch où tu as travaillé, dans la maison où j'ai moi-même travaillé, nous avons beaucoup investi de nous-mêmes. Nous n'aimerions pas voir détruire ces endroits parce que nous les aimons. Les êtres constituent aussi des enjeux les uns pour les autres. Je t'aime parce que j'ai beaucoup investi de moi-même en toi et parce que je voudrais te voir grandir. Mais qu'est-ce que tu penses de moi ?

À la différence des objets, qui ne sont capables ni de parler ni d'étreindre, les êtres humains sont vivants et nous répondent. Les objets ne sont que des choses nées de l'imagination, de l'énergie et des matières premières, et n'ont que le sens que nous leur donnons. Un être humain n'est ni un symbole personnel ni la concrétisation d'un effort, mais une créature vivante qui nous répond même si nous n'aimons pas toujours sa réponse. Elle peut être différente de celle qu'on attend, mais cette créature qui nous répond a une âme, c'est une personne qui lutte pour s'améliorer comme nous. Cette créature est unique comme nous le sommes. Jamais plus au cours des siècles, il n'existera une autre personne comme elle. Tu dirais la même chose d'un flocon de neige ou d'un chaton, mais il y a quelque chose de plus dans le caractère unique des êtres humains. Nous sommes des êtres de rêve. Toi et moi, nous avons chacune notre idéal et, en partageant cet idéal, nous apprenons beaucoup l'une de l'autre. En travaillant *ensemble, nous nous sommes engagées l'une envers l'autre. Nous ne faisons pas qu'aimer, nous sommes aimées à notre tour. Les objets ne peuvent t'aimer. L'amour des animaux est limité, mais les êtres humains s'impliquent profondément dans la vie l'un de l'autre. Même s'ils se détestent, ils sont impliqués. L'amour n'est pas nécessairement un sentiment extraordinaire. C'est s'engager l'un envers l'autre, s'écouter, s'enrichir mutuellement. Et puis, en chemin, sans trop savoir à quel moment, nous découvrons que l'autre nous est précieux et que sa perte nous peinerait.*

Chère Maman. Si aimante. Si soucieuse. Masquant son inquiétude derrière des subtilités. Mais je savais ce qu'elle voulait dire à propos d'un chaton ou d'un flocon de neige qui ne pouvaient avoir la singularité d'un être humain. Maman n'arrivait pas à voir d'un bon œil la trappe à bétail. Les psychologues de l'école avaient réussi à la convaincre que la trappe était une mauvaise chose – une entreprise à décourager. Ce désaccord sur l'utilisation de ma machine à bien-être m'a encouragée à démontrer que la sensation de détente que la trappe à bétail me procurait pouvait aussi profiter à d'autres. Ce n'était pas qu'une invention de mon esprit bizarre. Ça marchait vraiment.

En quittant le ranch à la fin de l'été, j'ai commencé mon premier cycle d'études. Je bénirai à tout jamais ceux qui m'ont dirigée vers une petite université. Si j'étais allée dans une grande université, je me serais perdue dans le labyrinthe des nombreux bâtiments et au milieu de milliers d'étudiants. Même si je me suis fait la réputation de la meilleure crocheteuse de serrures de tout le campus (j'ai ouvert tant de vestiaires pour des amis oublieux), j'ai aussi commencé à me faire des amis.

L'université, heureusement, était située près de Mountain Country. Et Mr Carlock, mon sauveur, était toujours dans les parages pour m'encourager. Quand je lui ai expliqué le rentre-dedans que j'encaissais de la part des psychologues et de ma mère à propos de ma machine, il m'a dit sagement : « Alors, construisons-en une meilleure et faisons des études scientifiques avec des étudiants. Voyons si cette machine de contention provoque effectivement une sensation de détente, si son effet est réel. »

« OK. Par où commence-t-on ?, demandai-je.

– On commence par toi, Temple, dit fermement Mr Carlock avant de sourire. Si tu veux démontrer la validité de ta théorie, il faut que tu apprennes les mathématiques, que tu lises des articles scientifiques à la bibliothèque, quetu fasses des recherches. » J'ai suivi son conseil et j'ai appris à utiliser les index scientifiques et à comprendre les articles dans les journaux techniques. Tous les week-ends, Mr Carlock venait me chercher pour m'amener à l'atelier de son laboratoire travailler sur la machine à serrer.

Il a éveillé mon intérêt pour la science et a dirigé mon obsession vers un projet qui valait la peine. Je passais des heures à la bibliothèque à chercher tout ce que je pouvais trouver sur l'effet que la stimulation d'une modalité sensorielle pouvait avoir sur la perception dans une autre modalité sensorielle. À mon grand étonnement, j'ai découvert tout un domaine d'études sur l'interaction sensorielle, et j'ai pu consacrer ma thèse de premier cycle à l'interaction sensorielle et à l'expérimentation que j'en ai faite avec la machine à serrer (trappe à bétail). Les résultats de mes études démontraient que la stimulation par pression influait sur les seuils auditifs.

Après de nombreuses recherches et études, j'ai construit « PACES », mon second prototype de la machine à serrer. PACES voulait dire *Pressure Apparatus Controlled Environment Sensory* (Appareil à Pression en Environnement Sensoriel Contrôlé). Ce modèle, avec ses parois capitonnées de mousse, était une Cadillac à côté de ma première et spartiate trappe à bétail en bois. Évidemment, puisque tout le personnel et les psychologues avaient été baignés de pensée freudienne, ils ont vu toutes sortes de sous-entendus sexuels dans ma trappe à bétail, ce qui contribuait à me culpabiliser.

Je me disais cependant que l'utilisation de la machine ne pouvait pas être tout à fait malsaine. À l'université, je faisais des progrès rapides dans ma capacité de communiquer avec les autres et je les mettais sur le compte de ma nouvelle machine à serrer. Elle m'a appris à compatir, à être douce, et à comprendre que douceur n'est pas synonyme de faiblesse. J'apprenais à ressentir les choses. Deux études de cas d'adultes autistes doués démontrent que l'absence de compassion est l'un de leurs déficits les plus marquants. L'un d'eux avoue qu'il ne s'intéresse pas du tout aux autres. D'autres jeunes adultes, revenus de l'autisme, ont des difficultés dans leurs relations avec les autres. Un homme autiste confie :

« J'étais aussi sans cœur. Il m'était impossible d'offrir ou de recevoir l'amour de qui que ce soit. Je le repoussais en refroidissant les autres. M'entendre avec les autres, c'est encore un problème aujourd'hui. Je préfère les objets aux gens auxquels je ne m'intéresse pas du tout. » Jules R. Bemporad de l'école de médecine de Harvard décrit un autre adulte autiste : « Jerry paraît par moments comprendre sur un plan intellectuel ce que ressent une autre personne, mais il ne semble pas se mettre pour autant dans la peau de l'autre. »

Sentir la pression calmante de la machine à serrer me permettait d'éprouver peu à peu de la compassion. J'écrivais dans mon journal : « Il faut apprendre la douceur aux enfants. Puisque cela m'a manqué, il faut que je l'apprenne maintenant. La trappe à serrer me donne le sentiment d'être portée, câlinée, bercée doucement dans les bras de Maman. C'est dur à écrire noir sur blanc, mais c'est aussi une façon d'accepter ce sentiment. »

Des études sur de jeunes singes démontrent que s'ils ne reçoivent pas assez de réconfort par le contact, ils éprouveront plus tard des difficultés à s'attacher. Il est probable que pour ressentir l'empathie, il faut avoir fait l'expérience du réconfort. L'expérimentation animale révèle que la stimulation tactile calmante est à l'origine de modifications biochimiques précises dans le système nerveux central. J'avance l'idée que l'utilisation régulière de la machine à serrer peut aider à modifier une partie des anomalies biochimiques provoquées par le manque de stimulation tactile calmante dans ma petite enfance. Le manque d'empathie chez de nombreux adultes autistes est peut-être le résultat du fait qu'ils évitaient les câlins et l'affection dans leur enfance. Cependant, on n'insistera jamais assez sur le fait que la machine à serrer n'est pas la panacée pour tous les enfants autistes.

La pression de la nouvelle trappe à bétail était douce, mais irrésistible. La douceur de la pression est donc plus déterminante que sa force. Parce qu'il fallait que je m'efforce d'accepter la trappe et la pression de ses parois – et, surtout, parce que je contrôlais le niveau de pression – j'arrivais enfin à être capable de supporter des contacts physiques brefs comme une tape sur l'épaule ou un serrement de main.

Même si je reconnaissais les effets bénéfiques de la trappe à bétail, j'en avais encore peur. J'avais peur des insinuations sexuelles des autres. Mais ensuite, j'ai compris que ce que je redoutais le plus était de me regarder en face et d'être confrontée à moi-même. Je me suis rendu compte qu'en dépit des connotations sexuelles que les autres prêtaient à la machine, mes pensées et mes fantasmes n'étaient pas la faute de la « méchante » machine. La trappe à bétail n'était qu'un amplificateur et n'était pas plus à l'origine de mes pensées qu'un lecteur de disques le serait de la musique sur un disque.

Je croyais que la reconnaissance de l'efficacité de la trappe à bétail contribuerait à me donner confiance en moi. Mais accepter la machine, c'était en fait accepter de regarder au fond de moi-même. Depuis ma prime jeunesse, j'avais rêvé d'un endroit clos qui me calmerait. Je sentais aussi, même toute petite, que quel que soit l'appareil que je construirais, il me permettrait de mener des recherches dans des domaines inexplorés. Je me demandais si je ne deviendrais pas dépendante d'un tel appareil. La trappe à bétail était un projet auquel j'avais cru et que j'avais réalisé. J'apprenais à me maîtriser à l'intérieur de la trappe et à ne pas lutter contre la pression. Si j'acceptais la pression et me détendais, elle me calmait et me soulageait.

Les résultats des études sur d'autres utilisateurs de la machine à serrer démontraient qu'elle tendait à influer sur le métabolisme. Sur quarante étudiants, 62 % appréciaient la machine à serrer et trouvaient qu'ils s'y détendaient. La machine à serrer appliquait une pression sur les parties du corps les plus susceptibles de provoquer le « réflexe de pression cutané » chez l'homme. Certains trouvaient que la machine à serrer les détendait pendant dix ou quinze minutes et qu'ensuite elle les énervait. Il existe peut-être un niveau optimal de stimulation. La machine à serrer était moins efficace par temps chaud, l'été, ou s'il faisait trop froid dans la pièce. Ainsi ma fixation sur la trappe à bétail n'était pas seulement utile pour moi. Elle se justifiait.

La machine de contention est aujourd'hui employée dans une clinique où l'on soigne des enfants et des adultes hyperactifs et autistes. L'ergothérapeuthe Lorna King qui dirige le Center for Neurodevelopmental Studies à Phoenix dans l'Arizona, pense que l'appareil est utile pour réduire l'hyperactivité. Elle rapporte qu'un adulte hyperactif, ayant utilisé la machine à serrer pendant vingt minutes, s'est senti plus détendu et s'est comporté plus calmement le lendemain. Même si Lorna King a eu du succès en soignant des enfants autistes par une thérapie d'intégration sensorielle, elle ne force jamais un enfant à se faire stimuler. Des stimulations vestibulaires, des pressions fortes et d'autres stimulations tactiles sont utilisées pour aider le système nerveux endommagé à se réparer lui-même. La stimulation sensorielle provoque la formation de nouvelles connexions nerveuses. Les rats logés dans un environnement amélioré comportant beaucoup de jouets et d'objets pour grimper ont un développement neuronal plus important dans le cerveau que les rats qu'on a gardé dans des cages de laboratoire standard. La stimulation vestibulaire pourrait tendre à augmenter la vitesse de maturation du système nerveux. Les chiens qui ont subi des stimulations vestibulaires et tactiles avaient eux aussi des neurones vestibulaires plus développés.

L'utilisation des portes comme symboles était une autre obsession que j'ai gardée du lycée à l'université. Pousser une porte était ma façon de concrétiser une décision comme celle de quitter le lycée et de me préparer à l'université. Franchir une porte réelle rendait tangibles les décisions abstraites. Ma fixation sur les portes marquait symboliquement mes passages dans le couloir du temps. Puisque mon point fort était l'assimilation visuelle, cette façon de vivre les événements était un prolongement logique de cette capacité.

Au bout de deux ans d'études à l'université, j'ai recommencé à songer à l'avenir : l'obtention de mon diplôme et mon deuxième cycle d'études. Une préparation émotionnelle et une image symbolisant le chemin à parcourir étaient essentielles. De nouveau, j'ai cherché la porte symbolique par laquelle passer. Une trappe qui menait vers le toit du dortoir représentait un passage vers un nouveau territoire. Évidemment, grimper par la trappe sur le toit était interdit, ce qui ne faisait qu'ajouter du poids à l'action. Ce qui vaut la peine d'être entrepris comporte toujours des dangers, et l'interdit qui frappait l'action était à la mesure de mon engagement pour l'avenir. Si franchir la porte était permis et sans danger, l'événement ne pourrait être réel pour moi. Cette excursion serait ma première infraction consciente aux règlements de l'université, mais je savais qu'il fallait y passer pour rendre tangible pour mon esprit le rêve vague et flou que je faisais de l'obtention de mon diplôme et de mes études du deuxième cycle. De nouveau, comme au lycée, j'ai donc franchi la porte interdite. J'ai passé ma tête à travers la trappe et j'ai jeté un coup d'œil sur le toit. L'air était venteux et mouillé. Pendant que je regardais le paysage, la lune a déchiré les nuages. Jusqu'à la fin de mon cycle d'études, j'ai continué à employer cette trappe pour renforcer mes décisions concernant l'avenir. La trappe d'accès au toit représentait les sentiments difficilement explicables et était le symbole pratique pour mes idées impalpables. Ouvrir une porte particulière était l'expression concrète de ma décision de réussir. Quand j'ai franchi la porte, j'ai amélioré mes notes au lycée. Franchir concrètement la porte, c'était un peu comme signer un contrat avec moi-même pour m'amender. Ainsi, ma décision prenait sa place dans la réalité.

Sans aucun doute, la trappe à bétail et ma porte symbolique ont joué un rôle important dans l'amélioration de mes résultats scolaires et de mes relations avec les autres. Certains étudiants m'appelaient « Femme Busard ». Même quand je m'habillais avec des vêtements à la mode, beaucoup d'étudiants ne voulaient pas me parler. Je n'arrivais pas à comprendre ce que je faisais de travers. Mon travail au sein de l'équipe qui montait *The Raven Review* – le spectacle des étudiants – a représenté un pas de géant par rapport à mes premières années d'école où le principal contact que j'avais avec mes pairs passait par les baffes que je leur envoyais. J'ai construit et peint presque la moitié des décors du spectacle. Mes camarades respectaient mes dons. C'était plus facile de me lier aux autres car nous partagions la même passion.

L'été suivant ma deuxième année de fac, j'ai travaillé dans un hôpital pour des enfants atteints de troubles affectifs. Jake, sept ans, était l'un des enfants de cette institution. Il piquait ma curiosité parce que je me reconnaissais en lui sous certains aspects. De la même façon que je plaquais sur moi des morceaux de plastique quand j'étais petite, Jake, même au cœur de la chaleur estivale, s'enveloppait dans une couverture. Même si Jake n'était pas diagnostiqué comme autiste, il présentait certains traits caractéristiques de cette maladie. Le plus souvent, il était indifférent aux autres – il ne les regardait pas en face, il ne semblait pas non plus les écouter. Il était obsédé par les objets mécaniques. Même s'il était capable de parler normalement, souvent, il criait ou hurlait simplement parce qu'on lui demandait de s'asseoir. Cet été-là, j'ai passé beaucoup de temps avec lui à parler de machins mécaniques. Je me sentais dans la peau d'un Mr Carlock, en train d'ouvrir des portes dans le monde secret de Jake. Parfois, j'arrivais à lui faire comprendre des choses à propos des autres. Mais il fallait d'abord parler de son obsession – les trucs mécaniques – et puis aborder tout doucement dans la conversation le sujet des autres êtres humains. Sinon, Jake ne communiquait pas du tout.

En général, les thérapeutes s'opposent à toute concession aux obsessions. Mais les obsessions, chez les enfants autistes, sont souvent un moyen de diminuer l'excitation d'un système nerveux hyperactif. En se concentrant sur leur fixation, ils bloquent les autres stimulations qu'ils n'arrivent pas à gérer. Une stimulation répétitive et monotone réduit peut-être la réponse nerveuse chez l'adulte normal. Trop de thérapeutes et de gens formés à la psychologie croient que si on laisse l'enfant s'adonner à ses fixations, il en résultera des dommages irréparables. Je ne crois pas que ce soit vrai dans tous les cas. Les fixations ne sont que des traits de caractère poussés à l'extrême. Un enfant peut être têtu mais quand ce trait de caractère envahit toute sa personnalité, on nomme le trait « fixation ». Certains traits sont bénéfiques. L'entêtement s'apparente à la ténacité, et la ténacité peut être une qualité nécessaire pour atteindre certains buts. Les traits de caractère chez les autistes sont les mêmes que chez un individu ordinaire, mais certains d'entre eux se sont développés anormalement.

Je me souviens que, quand j'étais petite, j'aurais presque pu dire que j'aimais les stimulations douloureuses. Il s'agit peut-être de la même chose chez les enfants qui s'automutilent. On pourrait peut-être les diriger vers une forme plus positive, moins destructive, d'autostimulation. Et ma « machine » pourrait alors les aider. Si l'enfant apprenait ce qu'est la stimulation par la machine à serrer, il ne se mordrait peut-être plus les doigts. Des études récentes sur les animaux démontrent que l'autostimulation et les comportements stéréotypés réduisent l'éveil chez les animaux frustrés. Le comportement stéréotypé abaisse les niveaux de cortisol (hormone impliquée dans le « stress »). Les enfants autistes ont un système nerveux hyperactif. Les symptômes de l'autisme et de la privation sensorielle se ressemblent. Les êtres humains et les animaux ayant subi une privation sensorielle ont un système nerveux hypersensible, ce qui se traduit par des seuils plus bas de réponse aux stimuli sensoriels.

Si un enfant employait la machine à serrer, il pourrait peut-être s'appliquer une stimulation intense mais néanmoins agréable. Puisque la trappe a été dessinée de façon à être perçue un peu comme une étreinte, elle pourrait être une aide pour l'enfant, afin qu'il apprenne à aimer être étreint ou touché par une autre personne. Une fois que l'enfant prendrait plaisir à faire fonctionner la trappe, il serait prêt pour l'étape suivante : recevoir l'affection des autres. La trappe serait une étape importante dès lors que l'enfant la maîtriserait.

Évidemment, si un enfant s'automutile gravement, il faut l'arrêter. Mais, de manière générale, les fixations ne doivent pas être systématiquement découragées. Elles peuvent être des moyens d'accéder à la communication, comme dans le cas de Jake. Transformer un comportement négatif en quelque chose de positif, c'est possible. Aussi, je crois que ma machine à serrer aurait pu aider Jake. Je corresponds régulièrement avec une femme autiste. Elle éprouve des difficultés à maîtriser ses colères. Dans ses lettres, son désir de stimulation tactile est manifeste comme en témoigne son vocabulaire – des mots comme cotonneux et doux. L'idée de la machine à serrer lui plaît. Cela l'aiderait peut-être.

L'utilisation de la machine à serrer a été un sujet de désaccord entre thérapeutes, amis et parents. Ils ont même essayé de me l'enlever. Ils m'ont fait du mal parce qu'ils m'ont donné un sentiment de culpabilité comme si l'utilisation de la machine était dégoûtante et malsaine. S'affranchir de ce sentiment de culpabilité et accepter la machine ont pris des années.

Par ailleurs, en essayant de m'enlever la machine, ils m'ont poussée à travailler plus ardemment pour démontrer qu'elle était d'une utilisation pratique et bénéfique. Leur désapprobation m'a incitée à transformer mon obsession des trappes à bétail en quelque chose de constructif.

Ma fixation sur les portes m'a suivie durant mes années à l'université. Dans mon journal, j'avouais mes craintes pour l'avenir. Je me demandais avec inquiétude si j'y étais préparée. J'étais impatiente de franchir la porte symbolique vers de nouvelles expériences. Parfois, à l'université, je me sentais comme en prison. D'une certaine façon je l'étais – dans ma propre prison – à moins d'être prête à étudier, à me maîtriser, à m'entendre avec les autres et à pousser la porte vers la liberté et vers l'avenir. La vie était un cercle et je savais que je ne pouvais pas rompre avec le passé. À l'université, la porte symbolique n'était rien d'autre qu'un prolongement du Nid de Corbeau au pensionnat et représentait la vie et la communication. Et la trappe à bétail était un moyen d'apprendre ce qu'étaient mes émotions. Ni vivre ni apprendre n'avaient de sens l'un sans l'autre.

Mes études de premier cycle tiraient à leur fin. Les examens de fin d'année et ensuite le diplôme ! J'avais travaillé dur pendant mes études ; je m'entendais beaucoup mieux avec mes camarades ; je ressentais les débuts d'une harmonie intérieure. Dans l'un des derniers travaux que j'avais à rédiger pour le cours sur le mariage et la famille, j'ai exprimé mes peurs et mes frustrations, mes espoirs et mes rêves :

Ce dernier travail consiste à faire une rédaction sur mes espoirs et mes buts dans le mariage. Je pourrais vous livrer deux pages de théorie sur le mariage parfait, ou vous dire la vérité sur moi-même. Je crois que c'est bête et ridicule de rédiger un texte plein de conneries, parce que vous saurez que ce sont des conneries. Pour en venir à l'essentiel, la conception abstraite du mariage n'est pas un idéal pour moi – mais, de toute façon, qui peut vivre dans l'abstrait ? J'hésite à mettre noir sur blanc mes véritables sentiments parce que cela comporte un risque. J'ai été souvent échaudée parce que j'avais révélé mes secrets ; on les a colportés partout sur le campus et en général on les a mal compris. Si je n'arrive pas à vous faire confiance, je ne ferai probablement jamais confiance à personne. J'ai décidé de dire la vérité sur ce papier. Après l'avoir lu, je vous saurai gré de me le renvoyer ou de le détruire pour que personne n'ait l'occasion de découvrir mes propres secrets militaires. VOICI LE FOND DES CHOSES !

Le but de mon existence sur cette planète est de construire un appareil ou de développer une méthode qui pourrait être employée pour apprendre aux gens à se regarder et à être doux et gentils. Je crois que c'est très important parce que j'ai dû construire un appareil pour m'apprendre à m'identifier aux autres. Depuis toujours, mes pensées tournaient autour des moyens de construire une machine qui m'apprendrait à ressentir de la douceur. J'ai maintenant construit une partie de cette machine, un prototype de la trappe à bétail.

Depuis ma plus tendre enfance, il n'y a donc pas si longtemps, je suis beaucoup plus intéressée par les machines que par mes semblables. Je me suis renfermée, loin des autres, sans avoir même parlé jusqu'à l'âge de quatre ans. Il y a un mot prétentieux pour décrire cet état : l'autisme. Aujourd'hui encore, je suis passionnée par les machines, surtout sur les mécanismes de contrôle interactifs.

C'est grâce à l'utilisation de la trappe à bétail, un appareil que je mettais au point dans ma tête depuis ma plus tendre enfance, que j'ai réussi à m'apprendre à ressentir. J'ai passé des heures, à l'école, à penser à cet appareil miraculeux au lieu d'étudier. Je n'ai commencé à étudier que quand je me suis rendu compte que les connaissances étaient nécessaires afin de construire l'appareil qui me fournirait les stimuli qui m'ont manqué dans mon enfance.

Vous êtes probablement en train de vous demander quel rapport il y a entre tout cela et la conscience d'un but à atteindre. Beaucoup. Dieu (peu importe ce que c'est) et le hasard ont créé la structure génétique qui m'a fabriquée et quelque chose s'est passé au cours du processus qui a déconnecté le « fil » dans le cerveau qui rattache un enfant à sa mère et aux autres êtres humains qui lui offrent leur affection. Ce n'est qu'au moment où j'ai été assez grande et assez compétente pour construire la machine à serrer que la connexion a été réparée. Dieu ou le destin a peut-être voulu que les choses soient telles pour que j'invente une méthode ou un appareil qui aiderait d'autres personnes. Le seul moyen qui permette à un inventeur d'être sûr de l'efficacité de son appareil est de l'essayer sur lui-même.

Encore maintenant, alors que j'ai construit et utilisé la machine à serrer, je la rejette et j'en ai peur. Ce qu'on ressent dans la trappe à bétail est doux, mais les sentiments qu'elle éveille sont souvent douloureux. J'ai encore des difficultés à accepter mes émotions. L'une des principales raisons de ma peur est mon angoisse à l'idée que mes émotions m'engloutissent, que je n'aille pas au bout de mon destin. C'est pour cela que j'ai peur du mariage. Il est plus important pour moi de construire l'appareil ou de développer la méthode que de devenir « normale » et de me marier.

Dans le mariage, la femme est subordonnée à l'homme. Je n'ai pas encore vu de mariage qui pourrait me servir de modèle. La seule façon pour moi d'envisager une vie commune serait de travailler avec mon mari dans la recherche scientifique.

Malheureusement, il y a encore des préjugés à l'encontre des femmes dans la société – même sur ce campus. L'administration se comporte avec les femmes du personnel comme si elles étaient bêtes. On a peu ou aucun respect pour elles. Ce sont ces attitudes sectaires qui m'ont dégoûtée du mariage et m'ont incitée à rester célibataire.

Un point que je voudrais éclaircir : le but de la machine à serrer n'est pas de provoquer la soumission à une quelconque doctrine admise par la société, mais de permettre à la personne de se trouver et de s'accepter telle qu'elle est – peut-être de lui permettre de se rapprocher de Dieu et de penser à autre chose qu'à son seul intérêt. Si le seul moyen de faire connaître mon appareil était de me le faire voler et que le mérite de son invention en soit attribué à une autre personne, je laisserais faire.

Mais, hélas, comme B. F. Skinner dans Walden Two, *je ne voudrais pas abandonner ma propre invention avant qu'elle ne se répande à travers tout le pays. Ce n'est qu'après que je pourrai me lancer aussi. Cette idée a été le fil conducteur de toute ma vie. C'est mon unique raison de bien étudier à l'école. Je suis frustrée quand je n'arrive pas à comprendre les maths parce que les maths sont nécessaires à la construction de l'appareil.*

Donc, Mr Weber, voici une vraie rédaction au lieu de seulement deux pages de conneries joliment apprêtées, rien que trois pages de vérité, peu soignées, mal tapées et bourrées de fautes d'orthographe, mais je l'ai écrite. J'espère pouvoir vous faire confiance en vous demandant de ne pas divulguer ce texte.

Mr Weber, a écrit sur la rédaction : « Excellent. Merci. Vous êtes toujours aussi originale et réfléchie. Je garde toujours pour moi ce genre de confidences. »

Et puis le grand jour est arrivé. La promotion 70. J'avais terminé le premier cycle, une licence en psychologie, et j'étais major de ma promotion. C'était le moment de franchir une porte vers l'avenir. J'avais atteint le sommet d'une échelle et me retrouvais sur le barreau du bas de celle du cycle suivant.

Après la cérémonie de la remise des diplômes, je suis montée sur le toit par la trappe d'accès. Je me sentais confiante. J'ai posé une plaque sur le toit de la bibliothèque pour commémorer mon passage à travers une autre porte de la vie. Sur la plaque étaient inscrits les mots *Saxum, Atrium, Culman,* ce qui se traduit à peu près par « Lutter pour gravir le chemin qui mène au sommet ». J'avais gravi l'échelle d'un cycle d'études et je me sentais prête pour l'ascension de l'échelle suivante.

La cérémonie de la remise des diplômes dans les universités américaines porte le nom de *Commencement*. Franchir la trappe et grimper sur le toit était le commencement symbolique de mes études futures. Pour me rappeler ma réussite, Maman m'a offert une breloque en or sur laquelle était gravée l'inscription « À travers la petite porte ».

CHAPITRE IX

La porte de verre

C'est l'été suivant, à la maison, que j'ai construit une nouvelle trappe à bétail. Elle fonctionnait bien mieux que les précédentes. Elle comportait plusieurs perfectionnements dont un rembourrage plus confortable et un appui-tête matelassé.

Grâce à ma machine à serrer, j'ai appris à maîtriser mon agressivité et à accepter qu'on me témoigne de l'affection. Parfois, je traversais des périodes pendant lesquelles mes crises de nerfs se faisaient plus rares. Dans ces moments-là, je souffrais d'eczéma ou de coliques qui étaient si sévères que je ne mangeais que des yaourts et des desserts gélifiés pendant trois semaines. Seule une émotion intense pouvait alors diminuer ma nervosité et réguler mes troubles. Il était plus facile de se laisser aller dans ma nouvelle trappe à bétail, d'en accepter l'idée. La sensation de soulagement que j'éprouvais alors faisait fondre toute agressivité. Je ne pouvais me sentir bien dans la machine sans me laisser aller et me détendre.

Souvent, j'éprouvais des sentiments ambigus vis-à-vis de la trappe à bétail. Ainsi, je me suis rendu compte qu'elle me faisait peur parce qu'à l'intérieur je me laissais aller à mes émotions. C'était une bonne chose puisque, si je ne ressentais pas d'émotions agréables et positives, c'étaient les émotions agressives et négatives qui prenaient le dessus. Plus j'acceptais de vivre mes émotions, plus je me mettais à ressentir ce que pouvaient vivre les autres et à éprouver de la compassion.

Même le chat m'aimait mieux maintenant. Je suppose qu'il recevait de bonnes vibrations de ma part. Il fallait peut-être que je sois moi-même réconfortée par la machine à serrer pour pouvoir réconforter le chat.

Pourtant, malgré ma bravade sur l'acceptation de la trappe à bétail, j'hésitais à l'utiliser quand Maman se trouvait dans la pièce à côté. Même si elle avait lu ma thèse sur les résultats de l'expérimentation de la trappe à bétail et l'avait approuvée, je la sentais encore sur sa réserve. Je voulais qu'elle essaie le nouveau prototype ; mais elle remettait toujours l'essai à plus tard, invoquant une raison ou une autre.

En septembre, j'ai déménagé en Arizona et j'ai commencé mes études de deuxième cycle à la faculté de psychologie. J'aurais pu éprouver un sentiment d'accomplissement. Après tout, je revenais de loin, j'avais été une enfant qui ne parlait pas, coléreuse et agressive envers ses camarades. Mais je doutais encore de moi-même et je me sentais inutile. La quête obsédante que je menais pour donner un sens à ma vie me poursuivait sans rémission. Nourrie par les crises de panique et d'angoisse, cette obsession m'épuisait. Ce que je craignais le plus, c'était de subir une énorme crise de nerfs en public. Me concentrer sur quelque chose apaisait l'extrême sensibilité de mon système nerveux. Cette fois, ma fixation ne portait ni sur une porte ordinaire comme celle du Nid de Corbeau ni sur une trappe d'accès comme à l'université, mais sur une porte coulissante en verre à ouverture automatique. C'était si simple et pourtant si complexe. Je me demandais encore pourquoi cette porte coulissante en verre m'obsédait tant. Dans ma vie, franchir une porte signifiait faire un pas en avant. Pourquoi mon blocage à propos de cette porte ?

Ce passage différait des autres puisque franchir la porte coulissante en verre était permis. Utiliser mes autres portes symboliques provoquait toujours en moi le frisson de braver l'interdit sans se faire prendre. Des milliers de consommateurs passaient par cette porte de supermarché. Mais, moi, devant cette porte, je tombais physiquement malade. Mes jambes tremblaient, la transpiration perlait sur mon front et j'avais un nœud à l'estomac. Je franchissais la porte en trombe, espérant laisser derrière moi ce malaise, mais il ne me quittait pas. Une fois de l'autre côté de la porte, je m'appuyais contre le bâtiment, le cœur battant à grands coups, tout le corps frissonnant de nervosité, et un mal au cœur me prenait. J'ai commencé à m'imaginer en train de casser la porte en verre coulissante – pour la délivrer de *ma* douleur.

J'ai essayé de réfléchir de manière rationnelle à cette obsession. Qu'est-ce qui m'attirait et pourquoi avais-je peur ? Ce n'était pourtant qu'une porte coulissante en verre toute bête, tout à fait ordinaire ?

Et puis j'ai vu en quoi cette porte différait des autres. Elle était transparente. Il n'y avait aucun secret. J'écrivis dans mon journal : « Ce n'est qu'une porte en verre. Mais elle reste une barrière. Je devine que sa signification se trouve dans les deux secondes nécessaires pour la franchir. C'est comme passer d'un état d'esprit à un autre. Peu importe le nombre de fois que je passe dans un sens et dans l'autre, je reste dans le même environnement. Mais ma perception de cet environnement se modifie. Si une personne change d'état d'esprit, c'est elle qui change. L'environnement ne change pas. Aucun mystère ! »

Au bout de trois semaines de lutte contre mon obsession à propos de cette porte coulissante, j'ai tout bonnement fini par la franchir comme n'importe quel consommateur. Je n'ai pas foncé. Je suis simplement passée, comme ça, et c'était une expérience plutôt épatante. Pendant les semaines suivantes, je me suis souvent promenée au supermarché. Un jour, j'ai franchi dix fois dans les deux sens la porte coulissante en verre. Je ne redoutais plus que le ridicule. Le gérant du magasin m'a remarquée mais, heureusement, il n'a rien dit.

Cependant, il n'y avait pas que mon obsession sur la porte coulissante en verre qui m'angoissait. L'utilisation de ma trappe à bétail me hantait. En apparence, je reconnaissais ses effets bénéfiques, mais, dans mon for intérieur, je niais son origine dure et rude. C'était difficile de faire le lien entre les trappes à bétail dont on se servait pour les animaux et celles que j'avais construites. Cela tenait au fait que le bétail devait subir beaucoup d'épreuves douloureuses dans la trappe ; c'est pourquoi elle paraissait cruelle. De temps en temps, quelqu'un se montrait délibérément cruel avec une bête dans la trappe, mais, en général, on n'était pas méchant avec les animaux. Au fond, c'était un appareil qui servait à tenir les bêtes pour les marquer ou les vacciner. Le concept global était celui de moyen de contention.

Quand j'ai utilisé, pour la première fois, la véritable trappe à bétail, j'étais retenue par la barrière de tête. Ensuite, j'ai construit un modèle dur, en bois, qui ressemblait à celles qu'on utilisait pour les animaux. Quand j'ai pu supporter d'être tenue en place, j'ai modifié la trappe à bétail pour qu'elle soit douce.

Tant que je ne m'étais pas faite à ce paradoxe de profit/rejet, je n'arrivais pas à regarder une publicité pour une trappe à bétail sans tressaillir, secouée par les pensées et les émotions que je m'efforçais de contenir. C'est après m'être fait photographier dans une vraie trappe à bétail, après avoir fait agrandir la photo en format poster et l'avoir accrochée, que j'ai pu affronter mes peurs. Enfin, j'arrivais au point où je pensais avec plaisir et affection à ma trappe à bétail. Cela m'a permis d'être plus amicale avec les autres. J'ai même commencé à parler de *ma* trappe de contention. Cependant, dans les ombres de mon esprit, je connaissais la peur – la peur de ce que je pensais et éprouvais dans la trappe à bétail.

Et puis la foire-exposition de l'État d'Arizona a ouvert ses portes et je me suis trouvée confrontée à certaines réalités. Sept ans auparavant, j'étais montée dans un manège de fête foraine, le Rotor, et il m'avait ensuite longtemps obsédée. Des études démontrent que les enfants autistes, dans un premier temps, ont souvent peur des mouvements rapides et en font ensuite une obsession. Maintenant, en remontant sur le manège, des morceaux de mon puzzle ont trouvé leur place. La recherche démontre qu'en général les enfants autistes aiment les stimulations intenses – même des stimuli qui paraîtraient douloureux à un enfant normal. Le désir de stimulation intense serait peut-être à l'origine de l'automutilation. Tout à coup, j'ai pris conscience du fait que le Rotor n'était qu'un précurseur de ma trappe à bétail ; mais il était deux fois plus rude que la trappe à bétail d'origine. Le Rotor m'a plaquée contre la paroi par sa force. Je n'avais qu'à céder à la sensation. Même si la paroi du baril me labourait le dos et me faisait mal, je me suis rendu compte qu'il avait fallu une action aussi violente que celle du Rotor pour faire une première brèche dans mes mécanismes de défense et me permettre d'éprouver des émotions. En sortant du Rotor, je suis passée devant un stand de trappes à bétail. Des idées et des émotions inondaient mon système nerveux. Je me suis éloignée du stand, effrayée. À mesure que mes mécanismes de défense tactile se disloquaient, à mesure que je vieillissais, la stimulation intense du Rotor m'était douloureuse et me donnait une sensation de malaise. Au début de mon utilisation de la machine à serrer, j'appliquais une pression deux fois plus importante que par la suite. À mesure que j'apprenais à apprécier la douceur, une pression trop forte devenait inconfortable.

Cette nuit-là, j'ai écrit à Maman, en lui faisant part de mon sentiment d'être inutile, de mon obsession de la porte coulissante en verre et de mon conflit intime au sujet de la trappe à bétail. Je n'étais peut-être qu'une dingue accrochée à une idée folle ?

La lettre de Maman est arrivée par retour de courrier :

... Sois fière d'être différente. Tous les gens doués qui ont apporté une contribution à la société ont été différents et se sont trouvés seuls sur le sentier de la vie. Pendant que ceux qui sont toujours prêts à rejoindre le rang, les papillons de la vie sociale, vont voleter par-ci par-là, toi, Temple, tu vas vraiment arriver à quelque chose.

Ne t'inquiète pas de la trappe à bétail. C'est un « doudou ». Te souviens-tu que tu repoussais tous les « doudous » quand tu étais petite ? Tu ne les supportais pas. Ton besoin de te tourner vers la trappe à bétail est maintenant naturel. Ce qui est le plus difficile dans la vie, c'est de décortiquer les disparités de son esprit. La partie de toi-même qui est mûre est déroutée par ton côté immature. N'aie pas honte de tes motivations premières, elles sont ancrées profondément dans notre imagination et participent à la source de la vie.

Tu as besoin de symboles. Tu les aimes. Comme une œuvre d'art, ils sont l'expression concrète de ce que tu ressens. Tout art, après tout, est symbolique...

Quelques jours plus tard, je me suis rendu compte que je souffrais de mon syndrome habituel – mon environnement familial, mes professeurs, mes camarades, mes cours me manquaient. Je n'étais pas sans valeur ; je réagissais, tout simplement, à la manière caractéristique d'un autiste, à un nouvel environnement, à de nouvelles têtes et à de nouveaux sujets d'étude. J'ai souffert de crises de coliques. J'ai fini par admettre que les études supérieures n'étaient pas la seule voie qui m'était offerte. Je ferais mon possible pour obtenir mon doctorat, mais ce n'était pas la peine de me ruiner la santé. Je travaillerais, je ne me tourmenterais pas. Un cours de statistiques n'a jamais donné un sens à la vie. En m'approchant de la porte en verre coulissante du supermarché, j'ai senti parfois l'imminence d'une crise de panique. Et j'ai décidé ensuite que ma capacité à passer la porte en verre coulissante me viendrait petit à petit.

Tout cet automne-là, je me suis fixé de nouveaux défis et j'ai lutté contre mon éternel blocage – la trappe à bétail. Comment un appareil souvent dur et rude pour le bétail pourrait-il aussi faire naître la douceur et la compassion ? Je songeais à la religion et à la naissance des symboles religieux à partir de rites violents et païens. Même maintenant, même si le symbole d'origine est modifié, l'impact émotionnel est puissant. Il en allait ainsi de ma trappe à bétail. La puissance qu'exerçait la machine réduisait à la soumission. Parce que le nouveau modèle était plus doux, son impact était plus puissant et faisait naître la compassion.

Quelqu'un m'a demandé un jour comment je pouvais aimer les chats et en même temps les utiliser dans des expérimentations scientifiques. Je ne savais quoi répondre. C'était le même genre de questions que je m'étais posées sur les origines de la trappe à bétail. Comment un appareil pouvait-il à la fois asservir une bête et faire naître l'amour de son prochain ?

CHAPITRE X

Un métier méconnu

En février 1971, je me suis rendue dans l'enclos et j'ai fait fonctionner la trappe à bétail pour cent trente têtes de bétail. Auparavant je n'avais fait que regarder. Cette fois-ci, les trois autres employés ont accepté que je remplace un ouvrier absent et que je leur donne un coup de main. La première fois, j'ai mal actionné la barrière de tête et la bête s'est échappée. Le bétail recevait la totale – marquage, piqûres et castration et je n'ai pas tourné de l'œil ! Je suis entrée dans le décor et j'ai agi comme si j'y avais toujours travaillé.

Les ouvriers de l'enclos faisaient leur travail avec une insouciance quasi enfantine. Ils mettaient la radio et dansaient presque, en travaillant au son de la musique mexicaine.

Je me sentais un peu responsable du malheur du veau que j'avais laissé filer parce qu'il a fallu ensuite le prendre au lasso. Les trois autres ouvriers ont fait preuve de compréhension à mon égard. L'un d'eux m'a dit : « Laisse tomber. Ça nous arrive à tous d'en laisser filer un de temps en temps. Tu t'en tires bien. » À la fin de la journée, j'étais grisée. Mes camarades de travail m'ont complimentée sur ma compréhension rapide. « Tu t'en es drôlement bien tirée, frangine. Tu bosses bien », m'a dit l'un des ouvriers. J'ai quitté l'enclos confiante en ma capacité à faire fonctionner une trappe à bétail et heureuse de bien m'entendre avec mes camarades de travail.

En rentrant à la résidence d'étudiants, je me suis arrêtée au supermarché. J'ai franchi la porte en verre coulissante. Je n'ai ni bronché pendant que la porte glissait, ni foncé comme si j'étais poursuivie par un troupeau de bêtes. J'ai simplement franchi la porte comme tout le monde. Il me semblait que l'image de la porte en verre coulissante symbolisait parfaitement les relations avec les autres. Il faut s'approcher doucement de la porte ; il ne faut pas la forcer, sinon, elle volera en éclats. Les relations avec les autres sont de même nature. Si on force trop brusquement une relation, elle ne se fait pas. Une petite poussée peut tout faire éclater. Un mot déplacé peut gâter des mois passés à établir un lien de confiance et de respect.

Ce soir-là, j'ai assisté à une fête à la faculté de psychologie. À la fin, j'ai discuté longuement avec celui qui recevait. « Tu sembles différente ce soir, Temple. Même les autres étudiants l'ont remarqué.

– J'ai rien de différent.

– Si, tu as vraiment discuté avec tes camarades. Et ça avait l'air de t'intéresser.

– Et alors ? »

Il s'est raclé la gorge. « Eh bien, ce n'est pas ton genre.

– C'est quoi mon genre ? »

Il a regardé le plancher pendant une minute, ensuite il a levé les yeux vers moi. « À vrai dire, tes camarades te considèrent comme une personne froide et indifférente. Parfois, tes remarques en classe feraient fuir une vipère. »

J'avais envie de répondre : « Mais c'était avant que je devienne opératrice de trappe à bétail et avant que je passe la porte en verre coulissante », mais je ne l'ai pas fait. Il ne l'aurait pas compris. Je l'ai remercié pour l'agréable soirée et je lui ai promis de faire des efforts pour mieux m'entendre avec les autres. En retournant dans ma chambre, je songeais à ce qu'avait dit mon hôte : il m'est apparu à moi aussi – au bout de plus de vingt ans – que j'étais différente. À la maternelle, je pensais que mes *camarades* étaient différents ; au lycée, je me sentais parfois isolée comme si je n'arrivais pas à m'intégrer ; mais, ce soir-là, pour la première fois je me suis rendu compte que j'étais vraiment différente. J'étais autiste. J'étais quelqu'un de spécial !

J'ai continué à travailler à mi-temps comme opératrice de trappe à bétail. Au début, je ne m'inquiétais pas trop à propos du bétail. Comme beaucoup de personnes faisant ce travail, je le regardais comme une marchandise. Mais ensuite, à mesure que je m'impliquais de plus en plus, mon attitude évoluait. Des gens, des gens sympathiques, étaient parfois cruels envers les animaux – ils les poussaient, les bousculaient, les battaient. Cela me dérangeait. Plus tard, j'ai eu l'occasion de vendre des trappes à bétail et des wagons de transport alimentaire pour une entreprise d'équipement pour l'élevage industriel.

En voyage, je suis passée devant Beefland, le plus grand abattoir du Sud-Ouest. J'ai garé ma voiture sur le bord de la route et j'ai regardé les bâtiments de l'usine. Ils étaient blancs, grands, impressionnants. Ayant été élevée dans l'Est, je n'étais jamais entrée dans un abattoir de ma vie. Je pensais au bétail que j'avais manipulé dans la trappe que l'on préparait pour la grande usine blanche. Tout semblait si propre – le bâtiment blanc avec ses allures d'hôpital, une rampe en bois à un bout et des camions alignés devant les quais de chargement à l'autre. J'avais l'impression de tourner autour du Vatican en cherchant un moyen d'y entrer. Tandis que je regardais Beefland, j'espérais que les animaux ne seraient pas souillés à l'abattoir. J'espérais qu'on leur permettait de mourir avec dignité et de monter la rampe seuls sans qu'il soit nécessaire de les battre et de les traîner. Je me demandais ce qui se passait vraiment derrière le mur blanc d'où sortaient tous ces bruits de machines. Je décidai qu'il fallait que j'entre dans cette usine et que je la voie fonctionner. Ce fut ma nouvelle obsession. Mais ce n'était pas une fixation symbolique comme la porte coulissante en verre. Beefland existait vraiment. Il me fallait faire face à ce que tous les êtres humains craignent – la mort – et tenter de trouver le sens de la vie.

Enfin, j'ai pu voir l'intérieur de Beefland et j'ai été

étonnée du peu de réaction que cela a suscité en moi. Le bétail montait la rampe, et pan ! c'était fini. Chaque bête était tuée instantanément par un appareil appelé étourdisseur. Il enfonce profondément une tige rétractable à l'intérieur du cerveau de l'animal et provoque beaucoup moins de souffrance que ce que le bétail endure dans la trappe à bétail lorsqu'il se fait bousculer, pendant le marquage et la vaccination, par des ouvriers indifférents.

À la fin de ma deuxième année d'études, j'ai décidé de me spécialiser en sciences animales plutôt qu'en psychologie. Le plaisir que je prenais à l'équitation, mon intérêt pour le travail dans le ranch de ma tante Ann, ma passion pour le bétail et les trappes de contention, toutes les étapes de ma vie semblaient me mener vers cette vocation. Je travaillais à mi-temps comme commercial pour les trappes à bétail et, dans ce cadre, je visitais souvent les enclos. Changer de spécialisation me semblait naturel.

Il me semblait tout aussi naturel d'améliorer encore ma machine à serrer. Après avoir vu des trappes à bétail actionnées par un système hydraulique dans les enclos et des barrières actionnées par des cylindres à air comprimé dans les laiteries, j'ai décidé d'adapter un système comparable sur ma machine à serrer. Ainsi, je pourrais contrôler la pression exercée en maniant un levier. Après avoir étudié le fonctionnement d'équipements industriels à air comprimé et appris quelques principes d'ingénierie, j'ai monté un cylindre et une soupape de contrôle sur la machine à serrer. Ce perfectionnement augmentait l'effet de détente et de soulagement provoqué par la machine. Si la pression diminuait et augmentait lentement, l'effet calmant faisait fondre les barrières. Au début, j'étais effrayée. Je me sentais vulnérable. J'ai écrit dans mon journal : « C'est peut-être la crainte d'ouvrir une porte et de voir ce qui se passe de l'autre côté. Une fois qu'on a ouvert la porte, on ne peut plus nier la réalité. Parfois, à l'intérieur de la machine à serrer, je me sens comme un animal sauvage qui a peur qu'on le touche. D'abord, je sursaute. Puis, petit à petit, je cède. C'est la quatrième amélioration importante que j'apporte à la machine à serrer. Chaque amélioration ébranle un peu plus le mur de mon système de défense tactile. »

J'ai passé la Noël 1973 chez Maman où j'ai eu une des crises de nerfs les plus importantes de ma vie. Une des causes en a été la réaction à un changement d'environnement, le vieux syndrome des autistes. La période de l'année en a été une autre. Les journées étaient courtes. Je vivais depuis un certain temps en Arizona, je travaillais dans les parcs à bétail, je suivais la routine. Puis, tout à coup, un environnement nouveau, des événements, auxquels je n'étais pas préparée, ont bouleversé mes habitudes. Je me suis dit que les fêtes de Noël étaient stressantes pour plusieurs raisons : premièrement, j'étais loin de chez moi et je ne maîtrisais pas l'environnement ; il me fallait songer presque exclusivement aux besoins des autres ; j'étais loin de mes centres d'intérêt, le bétail, les élevages, les trappes de contention ; j'étais loin de ma machine à serrer. D'autre part, j'avais publié plusieurs articles dans la revue agricole de notre État. Ici, dans l'État de New York, personne n'avait entendu parler de cette revue réputée. Mes efforts paraissaient minimisés, ma fierté blessée.

J'en ai parlé à Maman et elle m'a conseillé de mettre par écrit mes pensées – comme si je faisais un reportage sur moi-même pour un journal. Elle dit : « Tu as le choix. Tu peux choisir la solution de facilité et rentrer en Arizona ou tu peux rester ici et terminer le reportage. »

Je suis restée. Ma nervosité était peut-être liée à de vieux souvenirs. Maman m'a donné des lettres qu'elle avait écrites à mon psychiatre au moment où j'avais des problèmes à l'école. J'ai été secouée de découvrir à quel point mon comportement avait été bizarre et l'immense inquiétude qu'il avait suscitée chez mes parents. Dans ces lettres, j'ai appris que mes parents avaient craint que je ne puisse pas vivre une vie « normale ».

D'habitude, lors de mes visites chez ma mère à New York, je ne prenais pas la peine de remonter l'une de mes anciennes trappes, mais à mesure que les fêtes passaient, je devenais de plus en plus stressée. Il me semblait que je devais concentrer toute mon énergie pour prévenir une crise de nerfs spectaculaire. J'avais peur parce que j'avais l'impression de régresser. J'ai fini par remonter la vieille trappe, même si elle était extrêmement inconfortable (c'était l'un des premiers modèles), et elle m'a un peu calmée. Pour certains, la trappe était suspecte, mais pour moi, elle remplissait deux fonctions : d'abord, elle me fournissait une stimulation (c'est une nécessité pour les enfants autistes) et des limites, ce qui me permettait de me détendre ; en second lieu, elle me fournissait un environnement chaud, doux et confortable, qui m'aidait à percevoir et à répondre à toute demande affective.

Après avoir lu les lettres et les évaluations relatives à ce que j'avais été, j'ai discuté avec Maman. Je voulais la toucher, lui dire qu'elle était unique.

Au bout de sept jours « à la maison », j'ai mesuré l'importance que le bétail, les élevages et les trappes de contention avaient prise pour moi, de telle sorte que j'avais l'impression que quelqu'un ou quelque chose me manquait ici. Je savais que je m'impliquais dans mon travail avec le bétail, mais ce séjour à la maison révélait mon attachement à cette nouvelle vie.

Après les fêtes, je suis rentrée en Arizona et je suis retournée aux enclos et à Beefland. Je trouvais que je comprenais de mieux en mieux ce que pouvaient ressentir les bêtes, leur peur ou leur angoisse. Aujourd'hui, certains responsables d'abattoirs se rendent compte que traiter les animaux humainement et avec bienveillance ne participe pas seulement du bon moral et de la motivation personnelle des employés, mais augmente aussi la rentabilité de l'entreprise. La viande meurtrie n'est pas propre à la consommation et la viande de porcs stressés est d'une qualité inférieure.

J'ai écrit dans mon journal : « J'ai découvert que si je pose mes mains sur un animal qui attend dans la file à Beefland, je peux sentir sa nervosité. Parfois, toucher l'animal le calme. À ceux qui disent que puisqu'ils vont mourir, ce n'est pas la peine de les traiter avec bienveillance, je réponds ceci : et si votre grand-mère était en train de mourir à l'hôpital ? Que penseriez-vous si le médecin disait : "Elle n'est qu'une patiente en phase terminale. On n'a qu'à la jeter dans un coin." ? »

Quand je suis retournée aux enclos, j'ai découvert que j'arrivais à faire fonctionner plus doucement la trappe à bétail. Certains ouvriers claquaient la barrière sur la tête de l'animal et le serraient trop fort avec la trappe hydraulique. Un ouvrier gentil, Allen, m'a montré comment me mettre sur la même longueur d'ondes que les bêtes et faire fonctionner rapidement et doucement la trappe sans faire mal aux animaux. Un bon opérateur peut utiliser une trappe comme si elle était le prolongement de ses mains. J'ai découvert que si j'étais détendue au moment de faire fonctionner la trappe, le bétail sursautait moins. Les animaux ressentent la tension chez les êtres humains.

Un jour, j'ai travaillé dans l'enclos de l'étourdisseur, à Beefland, et j'ai abattu une vingtaine de bêtes. J'avais des sentiments mêlés à propos de cet aspect du travail et j'étais plutôt énervée. Ce soir-là, à la maison, je n'arrivais pas à me dire que je les avais tuées. Pendant quelques instants, je me croyais à la place de saint Pierre aux portes du paradis du bétail. Mais, petit à petit, je me suis rendu compte qu'être expert à l'étourdisseur était vraiment l'art de la compassion. De façon paradoxale, j'apprenais la compassion à l'abattoir.

L'année suivante, j'ai travaillé pour une grande entreprise d'équipement et de construction pour la boucherie industrielle où je dessinais du matériel destiné à abattre le bétail sans le faire souffrir. Pour cette entreprise, j'ai obtenu le contrat de l'installation des nouvelles rampes et des équipements à Beefland. Construire un « escalier vers le paradis » pour les bêtes représentait plus que la construction d'une rampe en acier vers une salle en béton. Tous, nous nous sommes investis dans le projet. Il y a eu quelques moments de colère, mais une fois le travail terminé, nous étions les meilleurs amis du monde.

À mesure que l'« escalier » prenait forme, de nombreuses pensées m'assaillirent. J'ai pris conscience du caractère précieux de la vie. Je songeais à la mort et je me rapprochais de Dieu. Il avait placé les animaux sous l'autorité de l'Homme pour que nous en fassions bon usage, mais je me rendais compte maintenant, plus que jamais, que les animaux étaient aussi Ses créatures ; c'est pourquoi il fallait les traiter avec respect.

Un jour, ma camarade de chambre, aveugle, est venue visiter l'usine. Elle s'est penchée sur la trappe et a touché les bêtes. Elle a composé la prière suivante après sa visite : « L'escalier vers le paradis est dédié à ceux qui veulent comprendre le sens de la vie et ne pas craindre la mort. En respectant ces animaux, vous pourrez arriver à respecter votre prochain. Touchez, écoutez et souvenez-vous. »

J'ai décrit mes sentiments envers le bétail dans mon journal :

Je me suis penchée au-dessus de la paroi de la trappe et j'ai touché le dos d'un bœuf. Je m'identifiais à l'animal et il l'a peut-être senti parce que sa peur a diminué. Dans quelques secondes, l'animal ne serait plus que de la viande, et l'essence de son individualité retournerait à Dieu. Pour qu'un être vivant reste en vie, un autre doit mourir. Je me sentais plus proche de ce bœuf et je sentais naître en moi un sentiment de respect que je n'avais jamais éprouvé auparavant.

Pour accéder à la conscience et à la compréhension, sur le plan non seulement intellectuel mais aussi affectif, il me fallait tuer réellement l'animal. Refuser de participer à la mise à mort, c'était nier la réalité. J'avais peur de faire un pas vers la plate-forme de l'étourdisseur et de tuer l'animal. On a fait d'énormes progrès dans la conception du matériel utilisé pour abattre les animaux de boucherie. Il est d'un fonctionnement facile et ne fait pas souffrir l'animal.

Les êtres humains sont conscients des conséquences et du sens de leurs actes. Mettre fin à la vie d'un être vivant est un acte qui doit être exécuté avec respect. Cela m'aiderait à comprendre le sens de ma propre existence. Pour accéder à la conscience, il fallait que je sois capable de tuer les animaux, mais, en même temps, il fallait avoir une attitude douce et respectueuse envers eux. Tuer est une action dure, mais la dureté fait partie de la nature ; la douceur aussi fait partie de la nature. Si le respect dû aux animaux est perdu, l'abattage dégénère et n'est plus qu'un travail à la chaîne d'agrafage de caisse et vous devenez une brute. D'autre part, beaucoup de gens refusent d'accepter le fait que les animaux doivent mourir.

Une personne capable de respecter les animaux et les plantes que nous récoltons pour nous nourrir sera capable de faire le premier pas vers la compréhension du sens de la vie. On dit que le paysan est proche de la terre. Beaucoup de gens dans notre société techniquement avancée ont perdu le contact avec la terre. Leurs valeurs sont devenues insignifiantes...

Je respectais les bêtes en les palpant, donc en les rassurant. Les dresseurs de bêtes de concours palpent toujours une bête avec fermeté. Des études rapportent qu'un toucher léger a un effet d'éveil et qu'une pression ferme un effet calmant. La tension artérielle de patients dans le coma baisse quand un autre être humain les touche. J'ai apprivoisé des veaux métissés Brahman et Hereford en les enfermant dans la trappe de contention pour ensuite les caresser. La recherche faite sur les singes et les porcs révèle qu'ils se calment et s'arrêtent quand on les caresse de la main. Une stimulation tactile calmante fait augmenter le niveau d'endorphines chez les poussins. Une stimulation tactile rassure n'importe quel enfant, elle est essentielle pour un enfant autiste. Faire tomber le système de défense tactile, c'est comme apprivoiser un animal. Au premier contact, l'animal tressaille et recule. Petit à petit, il apprend à tolérer et, ensuite, il aime se faire caresser.

Petit à petit, moi aussi, je vivais des relations affectives de plus en plus « normales » avec les autres. Lorna King m'a demandé d'emmener un garçon autiste de sept ans sur un manège de fête foraine puisqu'elle savait que je partageais avec lui le goût des stimulations vestibulaires et tactiles intenses. Après cette expérience, j'ai écrit dans mon journal :

Pendant que j'étais sur le manège avec Jimmy, j'ai complètement oublié que j'étais sur le manège et toute ma concentration était fixée sur Jimmy afin d'être sûre qu'il n'ait pas peur. J'ai mis mon bras autour de lui et je l'ai tenu. J'avais laissé de côté mon système de défense mais, après le tour, j'ai été un peu secouée de me rendre compte qu'on y avait fait une brèche. Monter sur la roue avec Jimmy m'a obligée à entrer en relation avec quelqu'un – je ne réagissais pas seulement à la machine. S'il avait été effrayé, j'étais la seule personne vers qui il pouvait se tourner.

Ce qui était d'abord une obsession est devenu une vocation de toujours : travailler à l'amélioration du sort des animaux d'élevage en dessinant du matériel destiné à leur éviter des souffrances. Dans l'élevage industriel, les progrès sont beaucoup plus importants dans le domaine alimentaire et génétique que dans l'étude du comportement des animaux et leur traitement.

En deuxième cycle, j'ai fait ma thèse de maîtrise sur la conception des trappes de contention dans les enclos. C'était l'un des premiers projets de recherche sur le comportement des animaux d'élevage aux États-Unis. On considère que je fais œuvre de pionnière dans la recherche sur le comportement et le traitement du bétail. Mes directeurs de recherche, à la faculté, qui travaillaient dans les domaines de la science vétérinaire et de la nutrition, ne pensaient pas que le comportement du bétail lors de son traitement était un sujet digne d'intérêt. Ma tendance à l'obsession me donnait un avantage dans cette situation. Elle m'a fourni la motivation nécessaire à la poursuite de ce travail. Une dose suffisante d'obsession est nécessaire pour atteindre n'importe quel but. Sinon, j'aurais pu dire : « Bof, tant pis. Je ferai ma thèse sur quelque chose qui plaît aux professeurs. » La tendance à l'obsession est un trait de caractère normal chez l'être humain, mais chez les autistes il est beaucoup plus marqué. Depuis que j'ai écrit cette thèse, j'ai publié plus d'une centaine d'articles sur le traitement du bétail dans la presse professionnelle de cette industrie.

Adulte, j'ai vaincu certaines tendances autistiques – je ne frappe plus les autres, ni ne crie plus comme un oiseau – mais il y a encore des domaines où j'ai des problèmes. Quand je suis allée à Vienne présenter un article sur le traitement du bétail, j'ai été frustrée par l'impossibilité de communiquer en allemand. J'ai vu mon langage régresser aux mots isolés de mon enfance. Quand je me suis égarée dans cette ville étrangère, il m'a été difficile de ne pas hurler. Je subissais énormément de « stress » et j'ai attrapé un zona pendant la conférence. Le zona est une inflammation douloureuse des terminaisons nerveuses qui peut être provoquée par le « stress ». Il semblait qu'en vieillissant certains caractères autistiques devraient s'estomper, mais ils sont toujours là. Néanmoins, j'ai présenté mon article à des scientifiques venus du monde entier et il a reçu une mention spéciale parmi les quatre meilleures communications à l'European Meeting of Meat Research Workers.

CHAPITRE XI

Travailler, se débrouiller, survivre

Ma pensée est entièrement visuelle, ce qui explique que le travail de conception en trois dimensions et le dessin sur plan sont choses faciles pour moi. J'ai dessiné d'énormes installations en acier et en béton, mais il m'est difficile de me souvenir d'un numéro de téléphone ou de faire du calcul mental. Si je dois me souvenir d'un concept abstrait, je « vois » dans ma tête la page du livre ou mes notes et je « lis » les informations qui s'y trouvent. Un morceau de musique est la seule chose que je puisse me rappeler sans support visuel. Je me souviens très peu de ce que j'entends sauf si c'est quelque chose qui me touche sur un plan émotionnel ou si je peux m'en former une image visuelle. Pour réfléchir à un concept abstrait, comme celui de relations humaines, j'utilise des symboles visuels – je me représente les relations entre les gens comme une porte coulissante en verre qui doit être ouverte doucement pour ne pas voler en éclats. Des études démontrent que l'on pourrait utiliser des images pour mieux communiquer avec les enfants autistes. Une autre étude rapporte que les autistes traitent mieux les informations transmises par écrit que celles qui le sont verbalement. Aujourd'hui encore, je fais la confusion entre des mots à consonance proche comme *over* et *other* et je fais des fautes d'orthographe dans les mots comme *freight* et *receive*. Je confonds parfois la gauche et la droite ou le sens des aiguilles d'une montre si je ne m'aide pas d'un geste de la main.

Je n'avais pas suivi de cours de statistiques depuis dix ans. La première fois que j'ai essayé, j'ai échoué au premier examen. Je n'arrivais pas à retenir une information alors que j'en manipulais une autre. Traduire les symboles mathématiques et résoudre l'équation en même temps m'étaient impossibles.

Récemment, j'ai passé une série d'examens pour cerner mes points forts et mes faiblesses. Au test Hiskey Nebraska de raisonnement spatial, mes résultats étaient très bons. On en a conclu que « le plafond de ce sous-test est probablement trop bas pour évaluer correctement [ma] capacité extraordinaire de visualisation spatiale ». Ce test n'était pas chronométré.

Mon résultat au test Woodcock-Johnson portant sur les relations spatiales était moins bon parce que c'était un test chronométré très rapide. Toutes mes réponses étaient justes, mais je n'ai pas eu le temps d'aller jusqu'au bout. La conclusion a été : « Esprit visuel, synthétique, qui intègre une quantité importante de matériel visuel et qui tend à percevoir l'information comme des ensembles visuels. »

Visualiser un projet d'équipement prend du temps. L'image émerge petit à petit pendant que je dessine. Quand toute l'image s'est formée, je peux y placer du bétail et des gens et imaginer leur comportement dans des situations différentes. Je peux faire tourner l'image et la faire bouger dans ma tête comme au cinéma. Je n'arrive pas à imaginer penser autrement qu'en images.

Mes scores à d'autres tests Woodcock-Johnson étaient élevés : Mémoire de phrases, Vocabulaire en images et Antonymes-synonymes. J'ai assez bien réussi en Mémoire de chiffres parce que j'ai trouvé un moyen de « détourner » le test. Je répétais les chiffres à haute voix.

Mon résultat au sous-test « Mélange » (identifier un mot prononcé lentement à une syllabe par seconde) était du niveau CE1. Au test sur la Mémorisation visuelle/auditive (apprendre le sens de symboles arbitraires du genre ♂ qui signifierait « cheval », et ensuite traduire ces symboles en anglais), mon score était le même ; les symboles que j'arrivais à mémoriser étaient ceux pour lesquels je pouvais créer une image visuelle comme un cavalier qui portait un drapeau. Les noms étaient plus faciles à apprendre que les verbes.

Au sous-test d'Analyse-synthèse (identifier les équivalents pour diverses combinaisons de carrés de couleurs), j'ai eu un résultat de niveau CM1. Ce test requiert une concentration intense prolongée. J'ai souvent des baisses de concentration, ce qui n'altère en rien ma capacité à dessiner des plans et à concevoir de l'équipement, mais rend très difficile une activité comme suivre le fil d'une conférence sur les statistiques.

J'étais aussi de niveau CM1 au sous-test de Formation de concepts. Il fallait identifier le caractère (ou les caractères) qui différenciait un ensemble de formes colorées d'un autre. J'ai eu un mauvais résultat parce qu'il me fallait garder un concept dans ma mémoire à court terme pendant que je regardais les cartes pour choisir celle qui représentait ce même concept. Je ne parvenais pas à garder à l'esprit le concept de départ et chercher en même temps la réponse. Si j'avais pu garder une trace écrite du concept, je crois que j'aurais obtenu un bien meilleur résultat.

Au Temps d'attention visuelle, un sous-test du Hiskey Nebraska, j'ai aussi obtenu de mauvais résultats. Il fallait regarder une série d'images, puis les retrouver parmi d'autres images et, enfin, les placer dans le bon ordre. J'arrivais à les reconnaître, mais je me trompais en les mettant en ordre.

Le test des Indications verbales, un sous-test des Detroit Tests of Learning Aptitude, m'a également posé problème. Ce test mesurait la capacité de concentration liée à la mémoire immédiate d'une succession. Il fallait se rappeler une suite d'indications de direction à écrire ou à dessiner sur une figure spécifique du formulaire du test. Il s'agissait de garder une information en mémoire pendant qu'on se concentrait et exécutait l'exercice. Quand je demande mon chemin, il faut que j'écrive ce qu'on m'indique s'il y a plus de trois routes ou directions à prendre à la suite. Mon incapacité à retenir une information pendant que j'en manipulais une autre explique que j'aie échoué à certains tests. J'ai beaucoup de traits dyslexiques : difficulté à mémoriser les séries et à apprendre les langues étrangères, confusion entre des mots à consonance proche comme « révolution » et « résolution » et des stratégies visuelles de mémoire.

La pensée visuelle est un atout pour un concepteur d'équipement. Je suis capable de « voir » comment les parties d'un projet peuvent s'agencer et aussi de prévoir d'éventuels problèmes. Parfois, quelqu'un qui pense de manière séquentielle fait une erreur de conception parce qu'il ne voit pas le tout. Concevoir un matériel pour un esprit séquentiel est peut-être aussi difficile que résoudre les équations en statistique peut l'être pour moi. Souvent, en milieu industriel, j'ai vu un ouvrier d'entretien de niveau bac professionnel concevoir une pièce de matériel que des ingénieurs bardés de doctorats ne savaient pas faire. Certains ingénieurs font des erreurs qui me semblent évidentes à moi. Il existe peut-être deux façons de penser : le mode visuel et le mode séquentiel. La société devrait reconnaître la valeur de ceux qui ont une pensée visuelle. Des études menées par l'Educational Testing Service indiquent qu'il y a vingt ans, les lycéens avaient une meilleure capacité à visualiser les objets en trois dimensions. Thomas Hilton, chercheur à l'ETS, avance l'idée que les ingénieurs de demain pourraient être moins qualifiés que ceux qui sont sortis des lycées il y a deux décennies. Une interprétation erronée des résultats de tests psychologiques pourrait faire croire qu'un penseur visuel brillant n'a qu'une intelligence médiocre. Einstein était un penseur visuel qui a échoué au lycée en langues étrangères parce qu'il avait besoin de méthodes visuelles d'apprentissage. Une étude récente affirme que certaines personnes, en dépit d'un retard de croissance de l'hémisphère gauche, ont des dons. Si on arrivait enfin à prévenir l'autisme et la dyslexie, ce serait peut-être au prix de la transformation d'individus potentiellement doués en êtres médiocrement doués.

Par exemple, l'autopsie du cerveau de dyslexiques indique que le développement du cortex gauche est altéré et que la croissance des neurones s'est faite dans une mauvaise direction. Une altération du côté gauche pourrait permettre au côté droit du cerveau de développer des circuits neuroniques plus importants. Albert Galaburda, de l'école de médecine de Harvard, en concluait qu'« un tel système accréditerait l'idée selon laquelle il y a parmi les dyslexiques un nombre anormalement important d'individus doués pour la musique, dotés de capacités visio-spatiales exceptionnelles ou gauchers, comme l'ont montré des observations cliniques ».

La capacité à visualiser explique peut-être que certains dyslexiques occupent des postes de cadre supérieur dans des grandes entreprises. Ils ont une vision globale qui leur permet de diriger leurs affaires sans s'arrêter aux détails.

Comme les dyslexiques, les autistes présentent peut-être une anomalie au niveau de l'hémisphère gauche du cerveau comme tendraient à le prouver des scanners effectués sur des enfants autistes à l'université de Yale.

La recherche sur l'intelligence artificielle nous apportera peut-être un nouvel éclairage. Jusqu'à une date récente, tous les ordinateurs utilisaient des méthodes séquentielles pour résoudre les problèmes. Lors d'une conférence nationale sur l'intelligence artificielle, on a présenté la machine « Boltzman ». Cet ordinateur est doté d'une organisation parallèle. Au lieu de travailler de façon séquentielle, les circuits travaillent de façon parallèle. La pensée visuelle et le traitement de l'information par un nombre important de circuits parallèles sont peut-être de même nature. Dans une recension bibliographique récente, Deborah Fein et ses collègues à Boston ont conclu que « les atteintes neurologiques dans l'autisme peuvent à la fois être plus diffuses et globales et varier de façon plus importante d'un cas à l'autre que ce qui est envisagé dans les théories actuelles ». Cela pourrait expliquer pourquoi un traitement efficace pour un enfant autiste ne le serait pas pour un autre, les parties du cerveau atteintes variant considérablement d'un cas à l'autre.

Grâce au Tofranil (nom générique : Imapramine, pris à une dose de 50 mg par jour), mon système nerveux me laisse en paix. J'ai découvert ce traitement dans un article de P. H. Wender et D. F. Klein paru dans la revue *Psychology Today*. L'Imapramine règle mon métabolisme et réduit la sensibilité de mon système nerveux à la stimulation. Le Tofranil réduit la sensibilité des récepteurs ß-adrénergiques dans le cerveau. Les récepteurs sont une partie des circuits neuroniques complexes dans le cerveau qui traitent les informations. Réduire la sensibilité de ces récepteurs dans une partie du cerceau appelée le *locus ceruleus* réduit l'effet de la stimulation sensorielle sur le cerveau. C'est comme régler la vis platinée sur le carburateur d'une voiture. Avant de prendre le médicament, le moteur s'emballait en permanence. Aujourd'hui, le moteur tourne à une vitesse normale.

Des études récentes démontrent que les antidépresseurs peuvent être un traitement efficace pour des individus souffrant d'attaques d'anxiété de panique. La tendance à ces attaques peut être héréditaire.

Loin de moi les recherches frénétiques du sens profond de la vie. Depuis quatre ans, j'écris très peu dans mon journal puisque l'antidépresseur m'a délivrée de ma ferveur. Mon exaltation n'est plus une entrave au bon déroulement de ma carrière et mon entreprise de conception d'équipement pour le traitement de bétail se porte bien. Depuis que je suis plus détendue, je m'entends mieux avec les autres, et mes ennuis de santé liés au stress, comme mes coliques, appartiennent au passé. Mais si ce traitement m'avait été prescrit quand j'avais une vingtaine d'années, je ne serais pas arrivée à accomplir tout ce que j'ai pu faire. Tant qu'ils ne me ruinaient pas la santé en m'angoissant, mes « nerfs » et mes obsessions étaient de puissants moteurs. Les traits autistiques et dyslexiques sont probablement des traits normaux poussés à l'excès chez certains individus. Une certaine dose d'angoisse et d'obsession est nécessaire pour nous permettre d'arriver à agir.

Aujourd'hui, une belle carrière s'ouvre à moi. Je voyage partout aux États-Unis, en Europe, au Canada et en Australie pour concevoir des installations de traitement de bétail pour les ranchs, les enclos, les abattoirs. Mon expérience m'a permis de me mettre à la place des animaux qui passent par ces installations, ce qui m'aide à concevoir un équipement mieux adapté. Par exemple, les trappes et les enclos que je conçois sont ronds. Ce choix est motivé par le fait que le bétail suit plus facilement un chemin courbe. Deux raisons à cela : d'abord, les bêtes ne voient pas ce qui les attend et donc elles n'ont pas peur, ensuite, l'efficacité d'une installation courbe est augmentée par la tendance naturelle de la bête à tourner en rond. Le principe est de travailler en fonction du comportement de la bête et non le contraire. Je crois que le même principe pourrait être mis en pratique avec les enfants autistes. Découvrir leurs dons cachés et les développer au lieu de leur imposer un modèle. Je travaille aussi à un doctorat en science animale à l'université d'Illinois. Mon projet de thèse porte sur les effets de l'environnement sur le comportement et le développement du système nerveux central des animaux. Des études en cours à l'université, menées par W. T. Greenough et ses collègues, démontrent que le cerveau a une plasticité importante et répond à la stimulation de l'environnement. Même un cerveau adulte développe de nouveaux circuits neuronaux et de nouvelles connexions quand il est stimulé.

Comme vous le voyez, j'ai investi beaucoup de temps et d'efforts pour comprendre la neurologie de l'autisme – pas seulement pour me comprendre moi-même, mais aussi pour prendre du recul par rapport à mon expérience, afin d'aider les autres. Depuis quelques années, je fais des conférences dans des ateliers de formation pour les thérapeutes, les parents et les éducateurs d'enfants autistes. À la suite de l'une de ces interventions, Lorna King, qui y participait aussi, m'a écrit :

Chère Temple,
En écoutant ta conférence la semaine dernière à Chicago, je ne pouvais m'empêcher de repenser à la première fois que je t'ai entendue parler à Phoenix, il y a douze ans, lors d'une réunion de l'association locale de parents d'autistes. Même s'il y avait peu de monde, tu étais, de façon évidente, nerveuse et « à cran ». Ton discours semblait sous pression et sortait par rafales quasi explosives. Tu te tenais droite et raide et tu étais visiblement très mal à l'aise quand quelqu'un tenait à te serrer la main.

Quel contraste avec ton discours à Chicago ! Tu semblais à l'aise et tu ponctuais ton intervention de pointes d'humour que les auditeurs avaient l'air d'apprécier. Tu te débrouillais bien avec les questions, tu te mêlais à la foule pendant les pauses, tu serrais les mains sans hésiter et en général tu semblais calme et sûre de toi.

La tendance que tu avais à revenir sans cesse sur le même sujet – même si je sais que tu en étais consciente, tu ne pouvais pas t'en empêcher – a aujourd'hui disparu.

Qu'il est merveilleux que tu continues à mûrir et à t'épanouir. Tu nous incites tous à faire la même chose.

Sa lettre m'a rappelé un article récent sur la politique « pas touche », à la mode aujourd'hui dans les crèches, les écoles et autres établissements pour enfants. J'en comprends la raison – abuser des enfants est un crime abominable, mais il faut trouver un juste équilibre. Que c'est ridicule et peu gratifiant pour un enseignant de féliciter un enfant en lui disant « Donne-toi une petite tape dans le dos ». Tous les enfants ont besoin de stimulations tactiles – les enfants autistes en ont simplement davantage besoin.

CHAPITRE XII

Un pont entre deux mondes

Vous venez de lire mon histoire et vous avez vu comment j'ai franchi mes portes symboliques pour accéder au monde réel. Mais que signifie-t-elle pour vous, parent ou professionnel, touchés par les problèmes posés par l'autisme infantile ?

Tout d'abord, comme tous les enfants, chaque enfant autiste est différent. Ce qui est bénéfique pour l'un peut ne rien apporter à l'autre. Pourtant, un certain nombre de principes régissent l'acquisition des compétences et des connaissances dans tout effort humain. Il faut observer afin de découvrir la façon dont chaque enfant réagit pour ensuite construire sur cette base.

Observez ce qui capte l'intérêt et l'imagination de votre enfant. Par exemple, s'il passe sa journée à tirer la chasse d'eau, posez-vous la question : est-ce le bruit, le mécanisme, ou la relation de cause à effet qui le fascine ? Ensuite, partez de cet intérêt pour l'ouvrir à d'autres domaines.

Enfant, j'adorais tournoyer. Le manège de la fête foraine, le Rotor, était devenu une obsession ; j'y restais pendant des heures. Selon certaines études, en l'absence de crises d'épilepsie, tourner peut être un moyen d'aider le mécanisme de l'oreille interne (vestibulaire) à contribuer à un meilleur équilibre, à une meilleure coordination motrice et à une meilleure perception. Attention : le but n'est pas de provoquer des nausées mais le nystagmus (le mouvement rapide de l'œil au moment où le corps retrouve son équilibre).

Je crois aussi que la machine à serrer pourrait aider certains enfants autistes à surmonter leur système de défense tactile et permettre aux autres de les toucher et ainsi de s'ouvrir à leur affection. Si l'enfant autiste peut apprendre à recevoir les marques de tendresse, cette capacité pourrait, en retour, l'aider à éprouver de la compassion. Le manque d'empathie signalé chez certains autistes doués pourrait être ainsi surmonté. La machine à serrer et autres stimulations par de fortes pressions utilisées en thérapie d'intégration sensorielle calmeraient un système nerveux dans un état d'hyperéveil et réduiraient l'hyperactivité. Il existe des spécialistes de l'intégration sensorielle formés aux méthodes développées par A. Jean Ayres.

Soyez un observateur prudent. Observez à la fois ce qui attire l'enfant (par exemple tirer continuellement la chasse d'eau) et ce qui le dérange. Comme beaucoup d'enfants autistes, je ne supportais pas les bruits forts. Je ne supportais pas un gros câlin.

J'avais l'impression qu'on m'étouffait. Mais j'adorais assembler les choses, comme construire une maquette de la Pièce déformée.

Souvent, les professionnels répondent « Oh non, Billy ne fait pas ça. (Ou ne sait pas faire ça.) Je l'ai testé il y a deux ans ». Mais c'était il y a deux ans. Qu'en est-il aujourd'hui ? Les évaluations, les observations, les tests, doivent être pratiqués de façon régulière. Les enfants, y compris les autistes, évoluent constamment.

Encouragez l'enfant autiste à utiliser sa perception kinesthésique pour l'acquisition de compétences perceptivomotrices. Ma perception tactile était hypersensible – je mettais en place un système de défense tactile. Ma perception kinesthésique était une porte d'entrée. Le toucher est un sens important pour l'éducation. Il faut s'en servir plus souvent, non seulement chez les enfants autistes, mais chez tous les enfants. Laissez divers matériaux et textures à l'enfant – laine, papier de verre, argile, soie – pour apprendre et laissez-le dessiner dans de l'argile ou du sable mouillé, par exemple. Les activités musicales et rythmiques sont fortement recommandées pour les enfants autistes. Des autistes non verbaux peuvent parfois chanter les paroles qu'ils ne savent pas dire.

Tout être humain a besoin d'intimité. Les enfants autistes ont besoin de leur coin secret aussi, pour se cacher et se replier dans leur monde intérieur. Après tout, l'autisme est un handicap « intérieur », et les enfants autistes ont besoin de la sécurité de leurs cachettes propres. J'avais la mienne et c'était un endroit où je pouvais réfléchir et me ressourcer.

Faites attention en offrant des animaux domestiques à l'enfant autiste. Il risque de les maltraiter du fait de son manque total d'organisation. D'abord, donnez à l'enfant un animal en peluche doux et poilu pour qu'il le caresse et le câline. Une fois que l'enfant a compris comment s'occuper d'un animal, vous pouvez lui en offrir un vrai. Laissez l'enfant le tenir et le caresser. De plus en plus, il semble que les animaux familiers peuvent contribuer à la thérapie d'autistes.

Les thérapies comportementalistes sont une autre façon de travailler avec les autistes, bien qu'elles se heurtent au problème de la généralisation des compétences. Par exemple, un enfant autiste apprend à se servir d'une cuillère pour manger une glace. Est-ce qu'il va transférer cette compétence en se servant d'une cuillère pour manger sa soupe ? Souvent, un autiste peut accomplir une tâche mais n'arrive pas à convertir son expérience dans d'autres contextes. Il faut prendre chaque tâche séparément et procéder chaque fois comme si c'était une tâche entièrement nouvelle. Soyez vigilant. Quand l'enfant arrive à généraliser, c'est qu'il s'approche de la réalité.

Soyez conscient que certains comportements sont spontanés. Quand je lançais des livres sur les autres enfants, je réagissais sans réfléchir. Gronder un enfant autiste peut permettre d'améliorer ou de modifier son comportement, mais, le plus souvent, l'enfant ne maîtrise pas ce genre de réaction.

Surveillez l'alimentation. Le corps a besoin d'une alimentation équilibrée pour maintenir une humeur égale. Et souvent, il manque aux autistes les mécanismes internes nécessaires à la synthèse ou au traitement de ce dont ils ont besoin. Les minéraux contribuent à l'équilibre de l'organisme. Beaucoup d'enfants autistes souffrent d'une carence de zinc et, selon le Dr Allan Cott, parfois d'un excès de cuivre – les deux étant des minéraux essentiels dans le sang et pour le système immunitaire. Pour savoir s'il y a effectivement carence de zinc (qui a une importance cruciale pour le développement de l'oreille interne, les réactions vestibulaires), il faut voir un spécialiste qui pratiquera un test de tolérance au glucose sur huit heures. Bernard Rimland, de l'Institut for Child Behavior Research à San Diego (Californie), a mené plusieurs études dans lesquelles l'effet bénéfique de la vitamine B_6 et du magnésium a été démontré. D'autres chercheurs, dont l'équipe du Pr Gilbert Lelord à Tours, ont confirmé ces résultats. L'enfant doit être testé pour dépister d'éventuelles allergies. Essayez ces méthodes avant de recourir à la médication.

Beaucoup d'autistes sont atteints d'allergies alimentaires graves. Parfois leur comportement s'améliore quand on élimine les aliments qui provoquent ces allergies. Les aliments fréquemment mis en cause sont le lait, le blé, le maïs, les tomates, le chocolat, le sucre et les champignons. Consultez un spécialiste bien informé sur les effets des allergies alimentaires sur le comportement.

Le Dr Mary Coleman, à Washington, conduit des recherches sur des anomalies métaboliques chez les autistes. Certaines formes d'autisme peuvent éventuellement être traitées par des régimes appropriés qui corrigent ces défauts.

Faites attention à ne pas surcharger un enfant de médicaments. Quand un traitement médicamenteux est efficace, c'est bien. Le Tofranil est un médicament miraculeux pour moi, mais il peut être désastreux pour quelqu'un d'autre. Des doses trop importantes de médicaments peuvent être dangereuses pour les enfants. Mon opinion personnelle est qu'il faut éviter les médicaments pour les enfants tant que c'est possible et ensuite n'en utiliser qu'en dernier recours. Quand la médication est recommandée, n'utiliser qu'un médicament à la fois et évaluer soigneusement ses effets. Si l'on prescrit plusieurs médicaments en même temps, il est difficile d'évaluer leurs effets. Souvent un médicament ne fait que masquer un symptôme, mais si on réussit à trouver le produit qui rétablit l'équilibre ou compense un défaut biochimique, il peut être très utile. Une fois que l'on a trouvé le bon médicament, il faut s'en tenir à une posologie minimale.

Maintenez un environnement stable, ordonné et sécurisant. L'enfant autiste n'arrive tout simplement pas à trouver ses repères s'il y a trop de changements dans son quotidien. Faites les choses dans le même ordre chaque jour. Commencez dès le matin – d'abord on se lève, ensuite on fait sa toilette, puis on prend le petit déjeuner, etc. L'enfant autiste est incapable d'ordonner son monde. Il vous faut lui créer cet ordre dans son environnement. Les autistes suivent peut-être un autre rythme, mais ce rythme peut avoir un sens.

Qu'entendent les enfants autistes ? Parfois, j'entendais et comprenais et parfois les sons ou les paroles atteignaient mon cerveau comme le bruit insupportable d'un train de marchandises lancé à toute allure. Les bruits et la confusion dans une réunion où nous étions nombreux m'accablaient. Faites attention à ce que vous dites à un enfant autiste. Utilisez des phrases courtes et simples. Regardez l'enfant bien en face parce que les autistes apprennent à déchiffrer tout le corps – pas uniquement les paroles. Si c'est nécessaire, le prendre par le menton pour établir un contact visuel. C'est une chose très difficile pour les enfants autistes. Leurs yeux semblent tout voir sauf celui qui leur parle. Jouez ce que vous dites de façon théâtrale. Donnez à l'enfant l'occasion de lire votre contentement à travers votre sourire ou la tristesse à travers les coins tombants de votre bouche. Ces expressions attireront les yeux de l'enfant sur votre visage, votre bouche, votre corps. N'employez jamais un ton monotone et mettez l'accent sur les mots clés, par exemple : « Quel *beau* lapin tu as dessiné ! »

Quant aux obsessions, il faut les canaliser vers des activités positives. Travailler avec un seul but permet d'accomplir des merveilles. Les adultes autistes de haut niveau qui sont capables de vivre de façon autonone et de garder un emploi stable font souvent un travail dans le même domaine que les obsessions de leur enfance. Un autiste obsédé dans son enfance par les chiffres fait aujourd'hui de la gestion fiscale.

Cherchez les spécialistes. Écoutez divers points de vue. Adhérez aux associations locales d'aides aux enfants handicapés. Tenez-vous au courant de ce qui se passe – les nouvelles méthodes, les nouvelles thérapies, la recherche. Et surtout, discutez avec d'autres parents.

Aujourd'hui, je réussis comme conceptrice d'équipement pour le bétail et dirige ma propre entreprise de conseil. Qui l'aurait imaginé en regardant la « folledingue » que j'étais supposé être ? Je regarde encore une fois l'invitation à la fête de ma promotion. Je crois que j'y assisterai. Après tout, avec l'aide et l'amour de ma famille et des autres, j'ai fait un long chemin – et je reviens de très loin. Grâce à ma capacité à penser en images, je « vois » d'autres personnes qui ont été étiquetées « autistes » en train de pousser leurs portes symboliques vers leur propre succès.

Annexe I

Formulaire d'information et de compte rendu

Questionnaire diagnostique pour les enfants atteints de troubles du comportement [1]
Forme E2

Nom de l'enfant	N° de cas	Comportement	Langage	Total
Temple GRANDIN	7298	+ 13	– 4	+ 9

Nous vous remercions d'avoir rempli le questionnaire diagnostique, forme E2, pour votre enfant. Le questionnaire E2 a été conçu pour apporter une aide au diagnostic d'enfants qui ont été considérés ou qui pourraient être considérés comme autistes, présentant des traits autistiques, atteints de troubles globaux du développement, sévèrement atypiques, atteints de schizophrénie infantile ou d'autres troubles similaires.

Il est important de savoir qu'aucune des méthodes utilisées actuellement pour poser un diagnostic d'autisme n'est vraiment satisfaisante. Toutes les méthodes couramment disponibles sont assez subjectives et ont d'autres défauts importants. Les résultats qu'elles fournissent sont peu con-

---

[1]. Autism Research Institute, 4182 Adams Ave., San Diego, Californie 92116.

cordants. Puisque la subjectivité est inévitable, un diagnostic fait par des experts n'est guère meilleur qu'un diagnostic reposant sur divers questionnaires. À l'avenir, nous espérons mettre au point des méthodes beaucoup plus fiables et fondées sur une démarche scientifique. Actuellement, cependant, il nous faut utiliser les informations imparfaites ou incomplètes données par les parents à des questionnaires diagnostiques ou lors d'entretiens, d'examens et d'observations à visée diagnostique, réalisés par des professionnels. (L'observation pose aussi des problèmes parce que le comportement d'un enfant tend à varier d'une journée à une autre et d'un endroit à un autre.)

La forme E2, publiée pour la première fois en 1964, est l'un des questionnaires le plus fréquemment utilisés à travers le monde pour aider à poser un diagnostic d'autisme ou de troubles similaires. Dans les fichiers de l'Autism Research Institute, il y a près de seize mille questionnaires complétés par des parents d'enfants autistes ou présentant des troubles autistiques, provenant de plus de quarante pays. Les informations suivantes vous aideront à mieux comprendre le score obtenu par votre enfant d'après vos réponses au questionnaire E2.

Les scores du questionnaire E2 se situent entre – 45 (le plus bas) et + 45 (le plus haut). Dans le monde entier, le score moyen obtenu à l'aide du questionnaire E2 pour un enfant dont le diagnostic « autisme » a été posé par des professionnels est de – 2.

Autisme infantile précoce (syndrome de Kanner ou autisme pur) : les enfants dont le score est égal ou supérieur à + 20 sont des cas d'autisme infantile précoce (syndrome de Kanner). Seulement 5 à 10 % des enfants diagnostiqués d'autistes font partie de cette catégorie rare.

Autisme : les enfants dont le score se situe entre – 15 et + 19 sont typiquement considérés comme « autistes » par les professionnels partout dans le monde. La grande majorité des enfants diagnostiqués autistes font partie de cette catégorie.

Autisme, formes apparentées : les enfants qui obtiennent un score égal ou inférieur à – 16 au questionnaire E2 ne sont généralement pas considérés comme vraiment autistes, mais sont typiquement décrits comme « autistes atypiques », « présentant des traits autistiques », « retardés avec des comportements autistiques », etc. Plus le score est faible (par exemple – 25, – 30), moins l'enfant est susceptible de recevoir un diagnostic d'autisme. (Il faut noter cependant que la plupart des enfants qui ont des comportements de type autistique doivent *aussi* bénéficier des programmes éducatifs hautement structurés qui se sont révélés bénéfiques pour les enfants autistes. Le questionnaire E2 ne doit pas être utilisé pour exclure un enfant d'un programme d'éducation adapté.)

Il faut reconnaître que cette classification est assez grossière, mais nous espérons qu'elle vous sera utile.

Le but du questionnaire, forme E2 : le questionnaire E2 a été conçu initialement comme outil d'investigation permettant aux chercheurs d'identifier des sujets autistes. Il a été utilisé par des centaines de chercheurs dans le monde entier pour diverses études portant sur l'autisme. En l'absence de tests biologiques précis permettant un diagnostic d'autisme, le questionnaire E2 aide les chercheurs à s'assurer que tel enfant est susceptible d'être réellement autiste (au lieu de présenter un trouble apparenté qui ressemble à l'autisme). Plus le score est élevé, plus le chercheur est certain que l'enfant est effectivement atteint d'autisme. Le questionnaire E2 n'est destiné à mesurer ni la sévérité de l'autisme, ni le niveau de fonctionnement.

Le questionnaire E2 a aussi pour but d'aider à identifier les divers sous-groupes de l'autisme (par exemple, le syndrome de Kanner). Actuellement, nous utilisons des analyses statistiques complexes et informatisées, comme l'analyse factorielle ou les classifications automatiques, pour tenter d'isoler, parmi plus de quinze mille cas de nos fichiers, des sous-groupes plus restreints. Nous espérons établir que ces groupes peuvent représenter des types distincts d'autisme, ayant des origines différentes. À mesure que ce travail progresse, l'Autism Research Institute publiera ses résultats.

Actuellement, toute cotation du questionnaire E2 est faite par l'Autism Research Institute et les résultats sont ensuite envoyés aux parents ou professionnels qui ont soumis le questionnaire à l'Institut. Ce service est gratuit. Quand le logiciel d'analyse sera complètement achevé, l'Autism Research Institute le mettra à la disposition de toutes les personnes qualifiées qui le souhaitent.

L'âge de l'enfant : un diagnostic fait avant l'âge de trente-six mois semble particulièrement peu fiable. Puisqu'une grande partie des questions de la forme E2 porte sur le langage et le comportement de l'enfant entre trois et cinq ans, si votre enfant a moins de trois ans, il serait préférable de remplir un deuxième questionnaire quand l'enfant aura atteint au moins l'âge de trois ans et demi. Beaucoup d'enfants autistes ou atteints de troubles apparentés présentent des changements importants (en général une amélioration) vers l'âge de cinq ans et demi. C'est pour cette raison que les questions de la forme E2 portent seulement sur les particularités de l'enfant avant l'âge de cinq ans.

Les troubles globaux du développement : un mot sur les troubles globaux du développement : il y a quelques années, l'American Psychiatric Association a introduit la notion des « troubles globaux du développement », notion plus large qui englobe les enfants autistes et atteints de troubles apparentés. Cette catégorie diagnostique s'est révélée peu satisfaisante sous plusieurs aspects et a été fréquemment critiquée par des professionnels compétents à la fois aux États-Unis et en Europe. Très consciente de ces critiques, l'American Psychiatric Association est en train de réviser les méthodes de diagnostic qu'elle préconise pour les enfants atteints d'autisme et d'autres troubles du développement. Nous espérons que la catégorie « troubles globaux du développement » sera abandonnée puisqu'elle n'a fait que rendre encore plus confus un problème déjà compliqué et difficile.

B. RIMLAND, P. D.

ANNEXE I

QUESTIONNAIRE SERVANT AU DIAGNOSTIC DES TROUBLES DU COMPORTEMENT CHEZ L'ENFANT
(Formulaire E2) [1]

Nom et prénom de l'enfant _____
 Date de naissance _____
 Nom de la personne remplissant le questionnaire _____
 Rue _____
 Ville _____
Parenté avec l'enfant :
                    Mère _____
                    Père _____ Autre _____
Profession du père _____
Profession de la mère (actuellement) _____
                    (avant son mariage) _____
Un diagnostic a-t-il déjà été établi pour l'enfant ?
 Si oui, lequel _____
        Qui a établi ce diagnostic _____
                Où ? _____

Comment utiliser ce questionnaire. C'est dans le but de réunir des informations pouvant servir à une recherche sur les causes et les différentes formes de troubles du comportement chez l'enfant, que nous vous demandons de remplir ce questionnaire. Les questions ont été établies pour des enfants âgés de 3 à 5 ans. Si l'enfant est plus âgé, répondez en essayant de vous souvenir de la manière dont l'enfant se comportait à cet âge.

Pour chaque question, vous avez le choix entre plusieurs réponses. Choisissez celle qui correspond le plus exactement au comportement de l'enfant, et marquez-la d'une croix à gauche = ×.

Nous vous demandons de répondre à toutes les questions, sans exception. Pour une même question, il arrive qu'une ou plusieurs réponses puissent également convenir, et nous avons prévu cette possibilité en proposant une réponse supplémentaire.

---

1. Lisez attentivement chaque question et les réponses proposées avant de marquer la croix [les croix correspondent aux réponses de Temple].

1. **Age actuel de l'enfant.**
   - _×_ 1 Moins de 3 ans.
   - ___ 2 Entre 3 et 4 ans.
   - ___ 3 Entre 4 et 5 ans.
   - ___ 4 Entre 5 et 6 ans.
   - ___ 5 Plus de 6 ans (préciser ___ ans).

2. **Indiquez le sexe de l'enfant.**
   - ___ 1 Garçon.
   - _×_ 2 Fille.

3. **Rang de sa naissance et nombre d'enfants de la mère.**
   - ___ 1 Est-ce un enfant unique ?
   - _×_ 2 Est-ce l'aîné de __4__ enfants ?
   - ___ 3 Est-ce le dernier de ___ enfants ?
   - ___ 4 Frères et sœurs plus âgés ___, frères et sœurs plus jeunes ___.
   - ___ 5 C'est un enfant adopté ___ ou je ne sais pas.

4. **La grossesse et l'accouchement ont-ils été normaux ?**
   - _×_ 1 Grossesse et accouchement normaux.
   - ___ 2 Difficultés pendant l'accouchement et la grossesse.
   - ___ 3 Grossesse difficile, accouchement normal.
   - ___ 4 Grossesse normale, accouchement difficile.
   - ___ 5 Je ne sais pas.

5. **La naissance a-t-elle été prématurée ? (Poids : ___).**
   - ___ 1 Oui (d'environ ___ semaines).
   - _×_ 2 Non.
   - ___ 3 Je ne sais pas.

6. **A-t-il reçu de l'oxygène la première semaine ?**
   - ___ 1 Oui.
   - _×_ 2 Non.
   - ___ 3 Je ne sais pas.

7. **Aspect de l'enfant pendant les semaines suivant la naissance.**
   - ___ 1 Pâle, aspect fragile.
   - ___ 2 Paraissait vigoureux et en bonne santé.
   - _×_ 3 Aspect normal ___. Je ne sais pas ___, autre ___.

8. **Conditions particulières à la naissance et pendant le premier âge (ne répondre à gauche qu'à une seule question).**
   - ___ 1 Cécité ___, paralysie ___, traumatisme ___, convulsions I.M.C. ___, enfant bleu ___, forte fièvre ___, jaunisse ___, autres ___.
   - ___ 2 Jumeaux (vrais ___ ou faux ___).
   - ___ 3 Réponse affirmative aux 1 et 2 à la fois.
   - _×_ 4 Conditions normales.

9. Santé de l'enfant pendant ses premiers mois.
- __x__ 1 Excellente santé, pas de problèmes.
- _____ 2 Respiration (infections fréq. ___ , autres ___).
- _____ 3 Peau (éruptions ___ , allergies ___ , autres ___).
- _____ 4 Alimentation (difficultés pour téter ___ , coliques ___ , vomissements ___ , autres ___).
- _____ 5 Élimination (diarrhées ___ , constip. ___ , autres ___).
- _____ 6 (Croix à gauche et préciser les numéros des questions 2, 3, 4, 5, 6).

10. L'enfant a-t-il subi un électroencéphalogramme (E.E.G.) ?
- __x__ 1 Oui, tracé normal.
- _____ 2 Oui, tracé à la limite de la normale.
- _____ 3 Oui, tracé anormal.
- _____ 4 Non ___ , je ne sais pas ___ .

11. Pendant sa première année, l'enfant réagissait-il aux lumières vives ? Aux couleurs éclatantes ? Aux sons inhabituels ?
- _____ 1 Réaction forte (plaisir ___ , mécontentement ___).
- _____ 2 Réaction particulièrement faible.
- __x__ 3 Réaction normale, ou je ne sais pas.

12. L'enfant s'est-il comporté normalement avant que n'apparaissent ses troubles de comportement ?
- _____ 1 Le comportement n'a jamais été normal.
- __x__ 2 Comportement normal les six premiers mois.
- _____ 3 Comportement normal la première année.
- _____ 4 Comportement normal les premiers dix-huit mois.
- _____ 5 Comportement normal les deux premières années.
- _____ 6 Comportement normal les trois premières années.
- _____ 7 Comportement normal jusqu'à 5 ou 6 ans.

13. Entre 4 et 8 mois l'enfant tendait-il les bras à sa mère ou manifestait-il qu'il désirait qu'elle le prenne dans ses bras ?
- _____ 1 Oui, ou il me semble que oui.
- _____ 2 Non, je ne pense pas.
- __x__ 3 Non, certainement pas.
- _____ 4 Je ne sais pas.

14. Bébé, se balançait-il dans son berceau ?
- _____ 1 Oui, très souvent.
- _____ 2 Oui, parfois.
- _____ 3 Non ou très peu.
- __x__ 4 Je ne sais pas.

15. À quel âge a-t-il appris à marcher seul ?
- _____ 1 Entre 8 et 12 mois.
- __X__ 2 Entre 12 et 15 mois.
- _____ 3 Entre 15 et 18 mois.
- _____ 4 Entre 18 et 24 mois.
- _____ 5 Entre 24 et 36 mois.
- _____ 6 À 3 ans, plus tard, ne marche pas seul.

16. Quelle proposition décrit le passage de la marche à 4 pattes à la marche debout ?
- __X__ 1 Passage normal de 4 pattes à marche debout.
- _____ 2 S'est peu traîné et progressivement a marché.
- _____ 3 S'est très peu traîné et tout à coup a marché.
- _____ 4 S'est longtemps traîné, puis tout à coup a marché.
- _____ 5 S'est longtemps traîné, et, progressivement, a marché.
- _____ 6 Autres réponses, ou ne sais pas.

17. Dès sa première année semblait-il intelligent ?
- _____ 1 Il semblait plus intelligent que la moyenne.
- __X__ 2 Intelligence moyenne.
- _____ 3 L'enfant semblait un peu lent.

18. À 1 et 2 ans, aimait-il qu'on le porte ?
- _____ 1 Il aimait qu'on le prenne et qu'on le porte.
- _____ 2 Il restait mou et passif quand on le prenait.
- __X__ 3 Quand il le désirait seulement.
- _____ 4 Particulièrement raide et difficile à porter.
- _____ 5 Je ne sais pas.

19. Avant 3 ans, l'enfant a-t-il imité d'autres personnes ?
- _____ 1 Oui, il disait au revoir en agitant la main.
- _____ 2 Il jouait à petite bête qui monte ou marionnettes.
- _____ 3 Oui, autres exemples :
- _____ 4 Réponses (1 ____ , 2 ____ , 3 ____).
- __X__ 5 Non, ou je ne suis pas sûr.

20. Avant 3 ans, faisait-il preuve de bonne mémoire ?
- _____ 1 Mémoire remarquable pour les paroles, chansons, poésies, textes publicitaires de télévision, etc.
- _____ 2 Mémoire des chansons, musique (qu'il fredonnait).
- _____ 3 Mémoire des noms, des endroits, trajets, etc.
- __X__ 4 N'a pas fait preuve d'une mémoire particulière.
- _____ 5 Mémoire plutôt faible apparemment.
- _____ 6 Réponse affirmative aux questions 1 et 3.
- _____ 7 Réponse affirmative aux questions 2 et 3.

21. Vous est-il arrivé de penser que l'enfant était sourd ?
- __X__ 1 Oui.
- _____ 2 Non.

22. (De 2 à 4 ans) L'enfant paraît-il « sourd » à certains sons ?
- __X__ 1 Sourd aux sons forts, perçoit les sons faibles.
- _____ 2 Non, cela ne s'applique pas à l'enfant.

ANNEXE I

23. (De 2 à 4 ans) Tient-il ses mains en positions bizarres ?
- _X_ 1 Oui, parfois ou souvent.
- ___ 2 Non.

24. S'absorbe-t-il de longs moments dans des activités rythmiques ou de balancement (comme par exemple sur un cheval à bascule, un rocking-chair, ou une balançoire) ?
- _X_ 1 Oui, c'est très caractéristique.
- ___ 2 Rarement.
- ___ 3 Non.

25. (Entre 2 et 4 ans) Donne-t-il l'impression de « regarder ou de marcher parmi » les gens, comme s'ils n'existaient pas ?
- _X_ 1 Oui, souvent.
- ___ 2 Oui, je crois.
- ___ 3 Non.

26. (De 2 à 5 ans) Manifeste-t-il des envies irrésistibles de manger ou sucer certaines choses ?
- ___ 1 Oui, pour le sel et tout ce qui est salé.
- ___ 2 Oui, il suce souvent des objets métalliques.
- ___ 3 Oui, autres _____.
- ___ 4 Oui, plus de deux cas ci-dessus. Lesquels ?
- _X_ 5 Non, ou je suis pas sûr.

27. (Entre 2 et 4 ans) Manies alimentaires étranges : refus de boire dans récipient transparent, ne manger que des aliments chauds (ou froids), qu'une ou deux sortes de choses ?
- ___ 1 Oui, certainement.
- _X_ 2 Non, ou bien d'une manière pas exagérée.
- ___ 3 Je ne sais pas.

28. Décririez-vous votre enfant à l'âge de 3 ou 4 ans comme « enfermé dans sa coquille » ou si lointain et perdu dans ses pensées que vous ne parveniez pas à l'atteindre ?
- _X_ 1 Oui, c'est là une description très exacte.
- ___ 2 De temps à autre, il arrive qu'il se comporte ainsi.
- ___ 3 Non, ce n'est pas une description exacte.

29. (Entre 2 et 5 ans) L'enfant est-il câlin ?
- ___ 1 Il est très câlin et aime s'accrocher aux adultes.
- ___ 2 Plus que la moyenne (il aime qu'on le prenne).
- _X_ 3 Non, il est plutôt raide et difficile à porter.
- ___ 4 Je ne sais pas.

30. (Entre 3 et 5 ans) Se cogne-t-il volontairement la tête ?
- _X_ 1 Jamais ou rarement.
- ___ 2 Oui, en se donnant des tapes avec la main.
- ___ 3 Oui, en se cognant contre les jambes ou la tête de quelqu'un d'autre.
- ___ 4 Oui, contre les murs, le sol, les meubles, etc.
- ___ 5 Réponses (2 ___ , 3 ___ , 4 ___).

31. (Entre 3 et 5 ans) Est-il bien coordonné physiquement (lorsqu'il marche, court, se balance, grimpe) ?
- ____ 1 Plus gracieux que la moyenne.
- _X_ 2 Coordination normale.
- ____ 3 Coordination inférieure à la moyenne ou faible.

32. (Entre 3 et 5 ans) Tourne-t-il parfois sur lui-même ?
- ____ 1 Oui, souvent.
- _X_ 2 Oui, quelquefois.
- ____ 3 Oui, si l'on amorce le mouvement.
- ____ 4 Non, il ne montre aucune tendance à tourner.

33. (Entre 3 et 5 ans) Est-il adroit pour exécuter avec ses doigts des travaux minutieux ou jouer avec de petits objets ?
- _X_ 1 Exceptionnellement adroit.
- ____ 2 Adresse normale pour son âge.
- ____ 3 Légèrement maladroit ou très maladroit.
- ____ 4 Je ne sais pas.

34. (Entre 3 et 5 ans) Aime-t-il faire tourner sur eux-mêmes des objets comme des couvercles, pièces, dessous-de-bouteille ?
- _X_ 1 Oui souvent, et pendant d'assez longs moments.
- ____ 2 Très rarement, ou jamais.

35. (Entre 3 et 5 ans) Fait-il preuve d'une habileté exceptionnelle dans une des activités suivantes :
- ____ 1 Pour réaliser puzzles ou jeux de patience.
- ____ 2 Pour faire des exercices de calcul.
- ____ 3 Pour dire à quel jour une certaine date correspond.
- ____ 4 Pour chanter juste.
- ____ 5 Pour lancer ou attraper une balle (ou les deux).
- _X_ 6 Pour d'autres activités : *dessin, peinture, bricolage* [1].
- ____ 7 Réponses affirmatives à plusieurs questions ci-dessus (lesquelles).
- ____ 8 Ne manifeste pas d'habileté particulière, ou je ne suis pas sûr.

36. (Entre 3 et 5 ans) Se met-il à sauter sur place lorsqu'il est content ?
- _X_ 1 Oui, ce comportement est caractéristique.
- ____ 2 Non ou rarement.

37. (Entre 3 et 5 ans) Aligne-t-il des objets en rangées régulières en insistant pour qu'on ne le dérange pas ?
- ____ 1 Non.
- _X_ 2 Oui.
- ____ 3 Je ne suis pas sûr.

---

1. Les mots en italiques ont été ajoutés par la mère de Temple.

38. (Entre 3 et 5 ans) Refuse-t-il de se servir de ses mains un certain temps ?
- ____ 1 Oui.
- _×_ 2 Non.

39. Y a-t-il eu une période, avant 5 ans, pendant laquelle il insistait pour écouter des disques de musique ?
- ____ 1 Oui, il insistait pour certains disques.
- ____ 2 Oui, pour n'importe quel disque.
- ____ 3 Aimait écouter sans en manifester le désir.
- _×_ 4 Pas d'intérêt spécial pour les disques.

40. (Entre 3 et 5 ans) Quel intérêt manifeste-t-il pour les appareils mécaniques comme les cuisinières ou les aspirateurs ?
- ____ 1 Peu ou pas d'intérêt.
- ____ 2 Intérêt moyen.
- _×_ 3 Il est fasciné par certains appareils mécaniques.

41. (Entre 3 et 5 ans) Quelles sont ses réactions lorsqu'on l'interrompt dans ses occupations ?
- ____ 1 Il est rarement contrarié ou même jamais.
- _×_ 2 Se montre rarement très mécontent.
- ____ 3 Il est vraiment très mécontent.

42. (Entre 3 et 5 ans) Accepte-t-il volontiers de mettre de nouveaux vêtements ou de nouvelles chaussures ?
- ____ 1 Il refuse généralement tout changement.
- _×_ 2 Il ne paraît pas s'en soucier ou y prend plaisir.

43. (Entre 3 et 5 ans) Est-il contrarié lorsqu'il constate que certaines choses ne sont pas comme elles devraient être (crevasse dans un mur, tache, livres penchés, etc.).
- ____ 1 Non, pas particulièrement.
- _×_ 2 Oui, ce genre de choses le mécontente beaucoup.
- ____ 3 Je ne suis pas sûr.

44. (Entre 3 et 5 ans) Adopte-t-il des « rituels » compliqués et se montre-t-il mécontent lorsqu'ils ne sont pas observés (exemple : coucher des poupées dans un ordre, suivre le même trajet entre deux endroits, s'habiller selon un ordre, ou insister pour n'utiliser que certains mots) ?
- ____ 1 Oui, certainement.
- _×_ 2 Je ne suis pas sûr.
- ____ 3 Non.

45. (Entre 3 et 5 ans) Est-il mécontent lorsque certaines choses auxquelles il est habitué sont changées ou déplacées, portes ouvertes ou fermées, meubles, jouets, etc.) ?
- ____ 1 Non.
- ____ 2 Oui, sûrement.
- _×_ 3 Partiellement vrai.

46. (Entre 3 et 5 ans) Est-il destructeur ?
- __X__ 1 Oui, c'est un très gros problème.
- ____ 2 Pas délibérément ou il n'est pas destructeur.
- ____ 3 Il n'est pas spécialement destructeur.

47. (Entre 3 et 5 ans) Se montre-t-il docile et souple (peut-on le diriger facilement, se blottit-il contre vous ?).
- ____ 1 Oui.
- ____ 2 Réactions apparemment normales.
- __X__ 3 N'est pas souple du tout.

48. Quelle description, ou quelle combinaison caractérise le mieux l'enfant ?
- ____ 1 Hyperactif, constamment en mouvement, passe très vite d'une chose à une autre.
- ____ 2 Regarde la télévision pendant de longs moments.
- ____ 3 Reste assis de longs moments, le regard vague, ou jouant indéfiniment, avec des objets, sans but.
- ____ 4 Combinaison des questions 1 et 2.
- ____ 5 Combinaison des questions 2 et 3.
- __X__ 6 Combinaison des questions 1 et 3.

49. (Entre 3 et 5 ans) Semble-t-il avoir besoin d'affection ?
- ____ 1 Oui, beaucoup plus que la normale.
- ____ 2 Oui, de façon normale.
- __X__ 3 Indifférent à toute marque d'affection, il semble plus heureux lorsqu'on ne s'occupe pas de lui *(entre 1 à 3 ans)*.

50. (Entre 3 et 5 ans) Se montre-t-il sensible et affectueux ?
- __X__ 1 Il est sensible aux critiques et affectueux.
- ____ 2 Il est sensible aux critiques mais pas affectueux.
- ____ 3 Il reste insensible aux critiques et affectueux.
- ____ 4 Il est insensible aux critiques et pas affectueux.

51. (Entre 3 et 5 ans) Est-il possible d'attirer son attention sur un objet se trouvant un peu loin ou à travers une fenêtre ?
- __X__ 1 Oui, pas de difficulté particulière.
- ____ 2 Il voit rarement les choses qui sont éloignées.
- ____ 3 Il n'examine les objets qu'avec ses doigts ou sa bouche seulement.

52. (Entre 3 et 5 ans) Est-il considéré comme attirant et beau ?
- __X__ 1 Oui, on trouve que c'est un bel enfant.
- ____ 2 Non, il a un aspect physique normal.
- ____ 3 On ne le trouve pas beau.

53. (Entre 3 et 5 ans) Regarde-t-il les gens dans les yeux lorsqu'ils lui parlent ?
- __X__ 1 Jamais ou rarement.
- ____ 2 Seulement ses parents.
- ____ 3 Oui, généralement.

ANNEXE I

54. (Entre 3 et 5 ans) Prend-il un adulte par le poignet pour se servir de sa main (ouvrir une porte, etc.) ?
- __×__ 1 Oui, c'est caractéristique.
- _____ 2 Peut-être ou rarement.
- _____ 3 Non.

55. (Entre 3 et 5 ans) Quelle description correspond le mieux ?
- __×__ 1 Troublé, perplexe, dépendant des autres, inquiet.
- _____ 2 Froid, indifférent, se suffit à lui-même, lointain.

56. (Entre 3 et 5 ans) Est-il extrêmement craintif ?
- _____ 1 Oui, avec les étrangers.
- __×__ 2 Oui, peur de certains animaux, de certains bruits.
- _____ 3 Oui aux questions 1 et 2 à la fois.
- _____ 4 Ses frayeurs sont normales.
- __×__ 5 Il semble hardi et dépourvu de crainte *(pour faire ce qui l'intéresse)*.
- _____ 6 Il ignore les objets effrayants, n'y prête pas attention.

57. (De 3 à 5 ans) Tombe-t-il, se blesse-t-il en courant, grimpant ?
- _____ 1 Il a tendance à tomber et à se blesser.
- _____ 2 Comportement normal.
- _____ 3 Ne se met jamais dans une situation où il y a un risque.
- __×__ 4 Pas d'accident bien qu'il grimpe, nage, etc. *(très vrai)*.

58. (Entre 3 et 5 ans) Pose-t-il un problème parce qu'il mord, frappe, pince ou fait du mal aux autres ou à lui-même ?
- _____ 1 Oui, seulement à lui-même.
- __×__ 2 Oui, aux autres seulement *(surtout quand il est en colère. Il ne faut pas lui confier un petit animal)*.
- _____ 3 Oui, aux autres comme à lui-même.
- _____ 4 Non, pas de problème.

59. (Entre 3 et 5 ans) À quel âge a-t-il prononcé ses premiers mots (même si par la suite il s'est arrêté de parler) ?
- _____ 1 Il n'a jamais utilisé de mots.
- _____ 2 Entre 8 et 12 mois.
- _____ 3 Entre 13 et 15 mois.
- _____ 4 Entre 16 et 24 mois.
- _____ 5 Entre 2 et 3 ans.
- __×__ 6 Entre 3 et 4 ans.
- _____ 7 Après 4 ans.
- _____ 8 Je ne sais pas.

59 bis. Écrire ici les six premiers mots de l'enfant (dans la mesure où vous vous en souvenez) :

_____   _____   _____
_____   _____   _____

60. (Avant 5 ans) A-t-il commencé à parler, puis est-il resté silencieux pendant une semaine ou plus ?
- __×__ 1 Oui, puis a de nouveau parlé. S'est arrêté à ____ .
- _____ 2 Arrêté à ____ n'a jamais recommencé à parler.
- _____ 3 Non, *il a continué à parler*.

61. (Avant 5 ans) A-t-il commencé à parler, puis s'est-il arrêté et commencé à chuchoter une semaine ou plus ?
- _X_ 1 A de nouveau parlé (puis arrêt ____ pendant).
- ____ 2 Oui, continue à chuchoter. Arrêt à ____ .
- ____ 3 Maintenant il ne chuchote même plus (à quel âge s'est-il arrêté de parler ____ , de chuchoter ____ ?
- ____ 4 Non, *il a continué à parler.*

62. De quelle manière prononçait-il ses premiers mots quand il a commencé à parler et comment prononçait-il les mots difficiles entre 3 et 5 ans ?
- _X_ 1 Son langage est trop limité pour répondre.
- ____ 2 Normal, au-dessous de normal (« papo » pour chapeau) et assez mauvais entre 3 et 5 ans.
- ____ 3 Normal premiers mots, bon entre 3 et 5 ans.
- ____ 4 Bon premiers mots, normal entre 3 et 5 ans.
- ____ 5 Exceptionnellement bon et aussi entre 3 et 5 ans.

63. (Entre 3 et 5 ans) Son vocabulaire : le nombre de choses qu'il peut nommer ou désigner du doigt est-il largement disproportionné avec son aptitude (répondre ou raconter) ?
- _X_ 1 Il peut désigner du doigt beaucoup d'objets que je lui nomme, mais est incapable de parler.
- ____ 2 Il peut nommer correctement de nombreux objets mais est incapable de « communiquer ».
- ____ 3 *Son aptitude à « communiquer » est bonne* et proportionnée au nombre de mots qu'il connaît.
- ____ 4 Il n'utilise pas de mots et ne les comprend pas.

64. Quand il a prononcé ses premières phrases, a-t-il surpris en employant des mots qu'il n'avait pas utilisés auparavant ?
- _X_ 1 Oui (donnez des exemples _____).
- ____ 2 Non.
- ____ 3 Je ne suis pas sûr.
- ____ 4 Langage insuffisant pour que l'on puisse répondre.

65. Comment se référait-il à sa propre personne quand il a commencé à parler ?
- _X_ 1 « Jean tombé » ou « bébé (ou garçon) tombé » ?
- ____ 2 « *Moi* tombe » ou « je tombe ».
- ____ 3 « Il ou elle tombe. »
- ____ 4 « Tu tombes » ou « vous tombez ».
- ____ 5 Combinaison des réponses 1, 2 ou 3.
- ____ 6 Combinaison des réponses 1 et 4.
- ____ 7 L'enfant ne parle pas ou encore trop peu.

66. (Entre 3 et 5 ans) Répète-t-il des mots ou des phrases qu'il a entendus (comme un perroquet), ce qu'il dit ayant peu de rapport avec la situation présente ?
- ____ 1 Oui, sa voix ne ressemble pas à celle du perroquet.
- ____ 2 Oui, sûrement, et sa voix a ce ton particulier.
- ____ 3 Je ne suis pas sûr.

ANNEXE I

    ____ 4   Non.
    _X_ 5   Parle trop peu pour que l'on puisse répondre.

67. (Avant 5 ans) L'enfant est-il capable de répondre à une question simple comme « Comment t'appelles-tu » ou « Pourquoi maman a-t-elle donné fessée à Billy » ?
    _X_ 1   Oui, il peut répondre convenablement.
    ____ 2   Non, il parle mais n'est pas capable de répondre.
    ____ 3   Parle trop peu pour que l'on puisse répondre.

68. (Avant 5 ans) Est-il capable de comprendre ce que vous lui dites et de faire ce que vous lui ordonnez ?
    _X_ 1   Oui, il comprend très bien.
    ____ 2   Oui, il comprend assez bien.
    ____ 3   Il comprend un peu, si l'on répète plusieurs fois.
    ____ 4   Très peu de compréhension, ou pas du tout.

69. (Avant 5 ans) Si l'enfant parle, pensez-vous qu'il comprend ce qu'il dit ?
    ____ 1   Il ne parle pas assez pour que l'on puisse répondre.
    ____ 2   Non, il répète ce qu'il a entendu sans apparemment y comprendre grand-chose.
    ____ 3   Il ne se contente pas de répéter et comprend ce qu'il dit, mais pas très bien.
    _X_ 4   Il comprend sans aucun doute ce qu'il dit *et est frustré quand vous ne comprenez pas*.

70. (Avant 5 ans) A-t-il employé le mot « oui » ?
    _X_ 1   Oui, assez souvent et correctement.
    ____ 2   Rarement, mais ça lui est arrivé.
    ____ 3   Il a fait des phrases sans utiliser le mot « oui ».
    ____ 4   Il a utilisé d'autres mots ou groupes de mots, mais n'a pas utilisé le mot oui.
    ____ 5   Il ne parle pas, ou trop peu pour répondre.

71. (Entre 3 et 5 ans) Est-il caractéristique qu'il dise « oui » en répétant la question qui lui est posée ? (Ex. : vous demandez « Est-ce qu'on va faire une promenade, mon chéri ? » et il indique qu'il est d'accord en répétant la question.)
    ____ 1   Oui, certainement, il ne dit jamais « oui » direct.
    _X_ 2   Répond « oui » ou réponse similaire.
    ____ 3   Je ne suis pas sûr.
    ____ 4   Il ne parle pas assez pour que l'on puisse répondre.

72. (Avant 5 ans) Est-il arrivé qu'il demande en utilisant la phrase que vous utiliseriez pour lui donner cette même chose ? (Ex. : l'enfant veut du lait, il dit : « Tu veux du lait », ou « Vous voulez du lait. »)
    ____ 1   Oui, certainement (il dit « tu » au lieu de « je »).
    ____ 2   Non, il le demande d'une autre façon.
    ____ 3   Je ne suis pas sûr.
    ____ 4   Il ne parle pas assez pour répondre.

73. (Avant 5 ans) A-t-il utilisé le mot « je » ?
- ___ 1 Oui, assez souvent et de manière appropriée.
- ___ 2 Rarement, mais correctement.
- ___ 3 Il a employé des phrases, et pas le mot « je ».
- ___ 4 Il a employé certains mots ou groupes de mots mais pas le mot « je ».
- ___ 5 Il a employé « je » à la place de « vous ».
- ___ 6 Il ne parle pas ou trop peu pour répondre.

74. (Avant 5 ans) Comment l'enfant dit-il « non » ou refuse-t-il quelque chose ?
- ___ 1 Il dit simplement non.
- ___ 2 Il vous ignore.
- ___ 3 Il grogne et agite les bras.
- _X_ 4 Il dit « je n'en veux pas » ou « pas de lait » ou « pas de promenade » ou encore « lait non-non ».
- ___ 5 Il utilise une expression n'ayant de signification que pour lui comme « papa va voiture ».
- ___ 6 Il parle trop peu pour pouvoir répondre.

75. (Avant 5 ans) A-t-il employé un mot ou une idée pour en exprimer un(e) autre pendant une période prolongée ? (Ex. : « jamais » pour exprimer la couleur rouge, ou « argent » pour tiroir parce qu'il a vu de l'argent dans un tiroir.)
- ___ 1 Oui, certainement.
- ___ 2 Non.
- _X_ 3 Je ne suis pas sûr.
- ___ 4 Il parle trop peu pour pouvoir répondre.

76. Tenant compte de ce que vous savez maintenant, à quel âge avez-vous décelé le comportement anormal de l'enfant ? À quel âge les troubles sont-ils réellement apparus ?
(Sous A, à quel âge auriez-vous pu constater ?)
(Sous B, à quel âge avez-vous constaté).

A		B
___	dans les trois premiers mois	___
___	entre 4 et 6 mois	___
_X_	entre 7 et 12 mois	___
___	entre 13 et 24 mois	_X_
___	entre 2 et 3 ans	___
___	entre 3 et 4 ans	___
___	après 4 ans	___

77 et 78. Inscrire dans la colonne suivante (77 pour le père, 78 pour la mère) le plus haut degré d'instruction.

Père 77	Mère 78		
___	___	1	Études primaires.
___	___	2	Études secondaires.
___	___	3	Études secondaires, formation technique.
___	___	4	Baccalauréat.

ANNEXE I

   __5__   __5__ 5 Diplôme d'université.
   ____   ____ 6 Thèse ou travail de recherche.
   ____   ____ 7 Doctorat.

79. Indiquez ceux des proches parents de l'enfant (père et mère) qui ont séjourné dans un hôpital psychiatrique ou qui ont été atteints de maladie mentale grave ; ou ceux qui sont retardés mentalement (parents, frères, sœurs, grands-parents, oncles, tantes). Dans le cas d'une réponse négative, mettez une croix dans le carré suivant : ☐

____	1 ____	Schizophrénie	____	Dépression	____	autre ____
____	2 ____	«	____	«	____	« ____
____	3 ____	«	____	«	____	« ____
____	4 ____	«	____	«	____	« ____
_×_	5 _grand-oncle_	«	_×_	«	____	« ____

Formulaire E2 (seconde partie)

Veuillez répondre aux questions suivantes par :
– le chiffre 1 si la réponse est TRÈS VRAI,
– le chiffre 2 si la réponse est VRAI,
– le chiffre 3 si la réponse est FAUX.

Excepté pour les deux premières questions qui concernent l'enfant avant deux ans, répondez comme ci-dessus si l'enfant a eu ce type de comportement avant l'âge de dix ans.

Nous répétons : 1 = TRÈS VRAI ; 2 = VRAI ; 3 = FAUX.

80. __2__ Avant l'âge de 2 ans, raidissait le dos et penchait la tête en arrière quand on le portait.
81. __1__ Avant l'âge de 2 ans, se débattait quand on voulait le prendre.
82. __3__ Avidité anormale pour certains aliments.
83. __3__ Mange des quantités anormalement élevées de nourriture.
84. __2__ Couvre ses oreilles de ses mains en entendant de nombreux sons.
85. __1__ Certains sons semblent lui être désagréables.
86. __3__ Ne cille pas en présence de lumières vives.
87. __2__ La couleur de la peau est plus pâle ou plus foncée que celle des autres membres de la famille.
Plus pâle __×__ . Plus foncée _____ .
88. __1__ Préférence marquée pour les choses inanimées.
89. __1__ Évite les autres personnes.
90. __3__ Insiste pour conserver avec lui un objet déterminé.

91. _3_ Perpétuellement effrayé ou très anxieux.
92. _3_ Pleurs inconsolables.
93. _1_ Remarque les changements ou les imperfections et essaie de les corriger.
94. _3_ Prend grand soin de son apparence (soigneux de sa personne, évite les choses sales).
95. _3_ A fait collection de certains objets (chevaux miniatures, morceaux de verre, etc.).
96. ____ Répète après un certain temps des morceaux de phrases qu'il a entendues.
97. ____ Répète, après un certain temps, des phrases entières qu'il a entendues.
98. ____ Répète les questions ou les conversations qu'il a entendues, indéfiniment et sans y apporter de modification.
99. _1_ S'accroche ou se fixe sur un sujet (petites autos, cartes routières, dents, etc.).
100. _3_ Explore les surfaces avec ses doigts.
101. _1_ A un maintien ou des postures bizarres.
102. _3_ Mâchonne ou avale des objets non comestibles.
103. _1_ Déteste qu'on le touche ou qu'on le porte.
104. _1_ Extrêmement sensible aux odeurs.
105. _2_ Dissimule ses capacités ou ses connaissances, ce qui vous surprend par la suite quand vous constatez qu'elles existent.
106. _2_ Paraît insensible à la douleur.
107. _3_ Terrifié par les événements inhabituels.
108. _3_ A appris des mots sans aucune utilité pour lui.
109. _3_ A appris certains mots, puis a cessé de les utiliser.

Utiliser le reste de cette page pour noter toute information supplémentaire pouvant, à votre avis, aider à la compréhension de la cause ou du diagnostic de la maladie de l'enfant.

Annexe II

Cette annexe contient des informations techniques utiles aux parents, enseignants et autres professionnels qui s'occupent d'enfants ou d'adultes atteints d'autisme. Il a été révisé en mai 1993.

La cause de l'autisme

À l'origine de la plupart des cas d'autisme, il existe une transmission complexe de facteurs génétiques qui interagissent entre eux. Il y a un continuum du normal à l'anormal. Des traits autistiques apparaissent souvent sous une forme atténuée chez les père et mère, frères et sœurs et autres proches parents d'un enfant autiste. Quelques particularités semblent associées à l'autisme : l'aisance intellectuelle, la timidité, des difficultés d'apprentissage, la dépression, l'anxiété, les crises de panique, le syndrome de Gilles de la Tourette (maladie des tics) et l'alcoolisme. Certains traits génétiques peuvent être des atouts, comme une intelligence supérieure à la moyenne ou un esprit créatif. En revanche, trop nombreux, ils deviennent source de problèmes. D'autres causes de l'autisme sont le gène de l'X fragile, des lésions fœtales, provoquées par la rubéole ou un autre virus, et des fortes fièvres pendant la petite enfance.

Des autopsies du cerveau et des études par IRM indiquent que les autistes ont des anomalies cérébrales. Certaines zones du cerveau, comme le système limbique ou le cervelet, sont immatures. Quelques-unes des premières recherches dans cette direction ont été conduites par Margaret Bauman, au Massachusetts General Hospital, à Boston, et par Eric Courchesne à San Diego, en Californie. D'autres études ont démontré que chez les autistes les temps de transmission des signaux nerveux dans le tronc cérébral sont anormalement longs. En résumé, l'autisme est un trouble dans lequel certaines parties du cerveau ont un développement incomplet et immature, tandis que d'autres parties sont probablement mieux développées, ce qui expliquerait les capacités exceptionnelles de visualisation ou les dons étonnants de certains autistes.

Les sous-groupes

Les travaux de recherches du Dr Bauman démontrent que les mêmes anomalies cérébrales sous-jacentes sont présentes chez les autistes de types différents. Pourtant, les sous-groupes d'autistes répondent différemment à diverses thérapies. Par exemple, un médicament qui aide tel genre d'autiste peut être sans effet pour un autre. Il en va de même en ce qui concerne les thérapies éducatives, comportementalistes ou sensorielles. Une thérapie très efficace pour un sous-groupe peut être désastreuse pour un autre. Dans mon livre, je conseille de tenir fermement par le menton un enfant pour l'obliger à vous regarder dans les yeux. Cette méthode m'a aidée à arrêter de me déconnecter du réel et de me replier sur moi-même. Un thérapeute ou un enseignant un peu intrusif m'empêchait de m'isoler dans un monde de balancements et de comportements stéréotypés. Donna Williams, l'auteur de *Si on me touche, je n'existe plus,* m'a expliqué que ce genre de thérapie aurait été trop envahissante pour elle et aurait provoqué un repli encore plus prononcé. Ses problèmes de traitement des données sensorielles sont encore plus sévères que les miens. Tandis que moi, j'étais hypersensible aux bruits et au toucher, les sensations de la vue et de l'ouïe se confondaient parfois pour Donna. La perception devient un fouillis sans signification dès qu'elle est surexcitée. Elle ne peut s'occuper que d'une modalité perceptive à la fois. Si elle se concentre sur les paroles, elle n'arrive pas à reconnaître un chat qui saute sur ses genoux. Si elle s'occupe du chat, sa perception du discours est bloquée. Elle perçoit aussi difficilement les limites de son propre corps.

Le Dr Geyde, en Colombie britannique au Canada, a découvert que des accès d'agressivité peuvent être le résultat de petites crises d'épilepsie, difficilement décelables à l'EEG. Une part du brouillage de la perception présent dans les formes les plus sévères de l'autisme peut être le résultat des crises miniatures pouvant être liées par un manque de myélinisation des neurones. Les problèmes d'intégration des informations sensorielles viennent peut-être d'un cerveau immature.

Les sous-groupes d'autistes vont du genre classique décrit par Kanner à ce qu'on appelle les autistes de bas niveau. Je préfère l'appellation « régressifs-épileptiques ». Certains enfants qui peuvent avoir un développement normal jusqu'à 18-24 mois perdent ensuite le langage. En s'éloignant de l'autisme de Kanner, à mesure qu'on s'approche du côté « régressif-épileptique » du continuum, les problèmes de traitement des données sensorielles sont de plus en plus importants. Tandis que moi, j'entendais normalement le langage, les autistes plus sévèrement atteints entendent peut-être les paroles comme un fouillis sonore. Les autistes « régressifs-épileptiques » ont plus souvent des crises d'épilepsie facilement décelables et des troubles moteurs. Quelques-uns sont atteints de retard mental, d'autres pas. Les émotions et l'affect ont peut-être tendance à être moins rigides et plus proches des normes à mesure qu'on s'éloigne du côté Kanner du continuum.

Thérapie et éducation

L'intervention précoce et la prise en charge de l'enfant dans le cadre d'un programme éducatif adapté améliorent le pronostic dans tous les cas d'autisme. Un bon programme comprend diverses méthodes thérapeutiques parce que chaque enfant est différent. Il y a une tendance chez les professionnels à clamer que seul leur programme donne de bons résultats. J'ai constaté que les enseignants efficaces utilisent les mêmes méthodes, peu importe leur orientation théorique. Un bon enseignant ou thérapeute vaut son pesant d'or. Un traitement de l'hypersensibilité sensorielle et des troubles de l'intégration des données sensorielles devrait être offert à tous les enfants. Un ergothérapeute est conseillé pour une thérapie d'intégration sensorielle. Un traitement auditif peut réduire l'hypersensibilité auditive et les sons parasites et bourdonnements dans les oreilles. Pour de plus amples informations, on peut contacter la Georgianna Organization à Westport dans le Connecticut. L'exercice physique peut calmer les nerfs et réduire les comportements agressifs ou l'hyperactivité.

Un enseignant ou un parent observateur peut déterminer si un trouble de comportement a une origine comportementale ou biologique. Un enfant peut tenter de casser le téléphone pour empêcher la sonnerie de retentir. La peur d'un bruit qui fait mal aux oreilles peut être à l'origine de nombreuses colères. Cependant, beaucoup d'enfants autistes apprennent qu'ils peuvent manipuler des adultes en piquant des colères. Dans ce cas, l'utilisation des méthodes comportementalistes peut faire des merveilles. Si un enfant crache, continuez l'activité d'enseignement. Si vous arrêtez, vous venez de récompenser un mauvais comportement. Certains comportements inappropriés sont des tentatives de communication. Essayez de déterminer ce qui déclenche les troubles de comportement.

Les enfants et adultes autistes apprennent de façon visuelle et pensent en images visuelles. Des machines à écrire ou de traitement de texte devraient leur être accessibles dès leur jeune âge. Évitez des longues suites d'informations verbales. Si un enfant sait lire, donnez-lui des indications écrites. Une machine à écrire pourrait aider des individus sévèrement atteints à communiquer.

La stimulation tactile

Des recherches sur des animaux ont démontré que des variations neurochimiques apparaissent immédiatement suite à des caresses réconfortantes. L'incapacité à ressentir comme agréable une stimulation tactile réconfortante peut être l'une des causes des anomalies neurochimiques chez les autistes. Si l'intégration de singes élevés dans l'isolement dans un environnement social corrige des anomalies neurochimiques, il serait logique de poser comme hypothèse que des anomalies chimiques provoquées par un manque de stimulation tactile réconfortante pourraient se corriger si l'enfant acceptait d'être touché de façon réconfortante. Chez les enfants autistes, la stimulation tactile, comme les caresses et les câlins, pourrait stimuler un développement plus normal. Même si le bébé est indifférent, le câliner pourrait quand même lui être bénéfique. Si le bébé n'aime pas se faire toucher, il faudrait l'« éduquer » petit à petit pour qu'il tolère le réconfort tactile.

Le défaut fœtal originaire du développement du cerveau est probablement responsable de cette tendance du bébé à éviter de se laisser toucher et consoler. Plus longtemps le bébé vit sans ressentir cette consolation, plus il est probable qu'apparaîtront des anomalies des circuits cérébraux impliqués dans le développement du contact émotionnel avec les autres personnes. De nombreuses études sur les animaux démontrent que les circuits cérébraux dont on se sert constamment se développeront. Les circuits utilisés sont conservés et se développent tandis que les circuits inutilisés rétrécissent. Si le bébé ne se sert pas de ses circuits du « sentiment », ils pourraient se recroqueviller. Beaucoup de gens croient que les connexions entre cellules nerveuses ne peuvent pas se développer chez l'adulte. La recherche animale démontre que les dendrites, les branches qui relient les cellules nerveuses entre elles, continuent à se développer et à établir des connexions chez l'adulte.

L'appareil de contention

La machine à serrer aiderait peut-être les autistes, adultes et grands enfants, à amorcer la tolérance au toucher, à réduire l'hyperactivité et à diminuer la surexcitation du système nerveux. Des observations cliniques indiquent que les stimulations tactiles réconfortantes réduisent l'hyperactivité, et les autistes les trouvent agréables.

La machine à serrer est entièrement doublée de mousse de caoutchouc épaisse, recouverte de tissu d'ameublement à envers plastifié. Elle serre l'utilisateur très fermement, pourtant elle soulage et réconforte. Le rembourrage est conçu pour se mouler au corps de l'utilisateur pour que la pression ne soit jamais inégale par endroits. La sensation de pression vous enveloppe tout entier et crée un environnement qui soulage. Au même moment, le cerveau reçoit d'importantes stimulations par pression. La pression appliquée par la machine stimule les récepteurs de pression des prolongements nerveux de la moelle épinière.

Quand l'utilisateur est serré par l'appareil, il ne peut ni reculer ni se raidir pour éviter la sensation de se sentir maintenu. Il est extrêmement important que l'utilisateur contrôle la machine. Il doit pouvoir manœuvrer les commandes et être capable de relâcher la pression à tout moment. Au bout d'un séjour dans la machine de dix à quinze minutes à une pression constante, l'effet de soulagement s'estompe à mesure que le système tactile de l'utilisateur s'habitue. Pour maintenir l'effet de soulagement réconfortant, l'utilisateur doit réduire très lentement la pression et puis la faire augmenter très lentement jusqu'à un niveau où il ressent de nouveau un soulagement.

La machine à serrer a deux panneaux rembourrés de mousse de caoutchouc qui sont montés sur des gonds à leur base pour former un « V ». L'utilisateur se met entre les deux panneaux à quatre pattes. La pression est appliquée sur les deux côtés du corps au moment où les deux panneaux sont tirés l'un vers l'autre en haut. L'appareil est actionné par un compresseur qui commande un cylindre à air comprimé relié aux panneaux par des poulies. Puisque la machine est actionnée par de l'air comprimé, elle applique une pression constante même si l'utilisateur change de position. Le corps de l'utilisateur est porté entièrement par la forme en « V », ce qui lui permet de se détendre complètement.

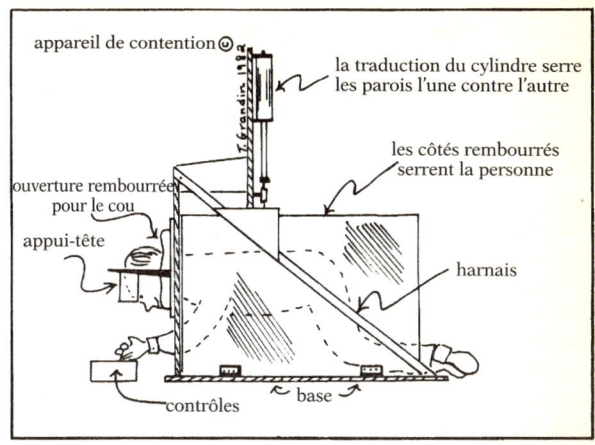

L'appareil est aussi équipé d'un appui-tête rembourré et d'une ouverture pour le cou recouverte de flannelle douce ou de peluche acrylique. L'ouverture pour le cou fournit un endroit où appuyer ses épaules. Quand l'ouverture est fermée autour du cou, elle renforce la sensation d'être retenu dans l'étreinte de la machine.

Les comportements stéréotypés et les fixations

J'ai fait plusieurs fois référence à des études chez les animaux qui indiquent que les comportements stéréotypés calment le système nerveux. Robert Dantzer, l'un des experts dans ce domaine, a posé la question suivante dans une réunion scientifique : si l'objectif principal du comportement stéréotypé est de calmer l'animal, pourquoi ce comportement stéréotypé continue-t-il une fois que l'animal est calme ? Il est très probable que le comportement stéréotypé est agréable et finit par se perpétuer lui-même. Les animaux qui s'adonnent à des comportements stéréotypés ont des niveaux d'endorphines plus élevés. Ils se créent peut-être leur propre état d'euphorie. Quand un comportement stéréotypé persiste, il devient de plus en plus enraciné dans les connexions entre les neurones (cellules nerveuses). Des stéréotypies qui persistent depuis des années sont difficiles à faire cesser. C'est comme un ruisseau qui chercherait un nouveau lit. Au bout d'un certain temps le ruisseau creuse un chenal et devient difficile à détourner. Le comportement stéréotypé « se grave » peut-être dans les circuits du cerveau.

J'ai souvent dit que les fixations doivent être dirigées vers des chemins constructifs. Les parents, les enseignants et les thérapeutes doivent travailler avec les fixations et non pas les contrecarrer. Il y a une différence importante entre les fixations et les comportements stéréotypés. Le comportement stéréotypé est monotone, répétitif et rythmique et n'est pas dirigé vers un but. Il suit un plan rigide prédéterminé, généré intérieurement. Des exemples de comportement stéréotypé chez les enfants sont les balancements et les battements des mains. Des exemples chez les animaux sont de tourner en rond sans arrêt sur un même trajet ou de rester sur place en se balançant.

Les véritables stéréotypies sont probablement très nocives pour le système nerveux. Pour faire disparaître un comportement stéréotypé, il faut le *remplacer* par une stimulation extérieure. Il faut faire la différence entre une conduite de recherche de stimulation et un comportement stéréotypé. Si l'enfant s'enroule serré dans une couverture, c'est en général pour chercher cette forme de stimulation et non pas un comportement stéréotypé. Fournir la sensation de pression ferme que l'enfant recherche peut aider à diminuer les comportements stéréotypés. Un vibrateur appliqué à la tête ou aux mains arrête souvent un comportement automutilateur.

Une fixation est un intérêt externe, comme les aspirateurs, les radios, les cartes routières, la publicité télévisée, etc. Les enfants autistes qui s'en sont sortis l'ont fait en prenant les obsessions de leur enfance et en les dirigeant vers des buts constructifs. Les meilleures réussites se voient chez ceux qui ont eu un ami dévoué qui les a aidés à diriger leurs fixations.

Dans son article de 1943, Kanner a décrit onze cas de syndrome de Kanner. En 1971, il a retrouvé ses onze cas d'origine pour voir ce qu'ils étaient devenus. Il y avait six échecs, deux inconnus, une guérison partielle et deux réussites. Celui qui a le mieux réussi travaille comme caissier dans une banque. L'agriculteur qui l'a élevé a trouvé des buts vers lesquels diriger ses fixations.

Les fixations peuvent être dirigées vers le travail scolaire. Si un enfant est obsédé par les aspirateurs, servez-vous du mode d'emploi d'un aspirateur pour lui apprendre à lire. Les principes scientifiques de l'électricité peuvent lui être enseignés en l'intéressant au fonctionnement du moteur.

Les onze cas de Kanner se ressemblaient au moment où ils ont été diagnostiqués, mais le pronostic variait d'un cas à l'autre. Les enfants envoyés dans de grands établissements ont tous régressé et aucun n'est guéri. Les enfants autistes qui sont intégrés dans un système scolaire avec des enfants normaux et qui ont des enseignants dévoués auront probablement un meilleur pronostic.

Les médicaments

Environ la moitié des autistes peuvent tirer bénéfice d'un traitement médicamenteux et l'autre moitié n'en a pas besoin. Il faut utiliser très peu de médicaments chez les jeunes enfants. Si un médicament est vraiment utile, il doit apporter des améliorations assez sensibles sur le plan du comportement. Il ne faut pas abuser des sédatifs. Des autistes du côté « régressif-épileptique » du continuum tendent à mieux réagir aux bêtabloquants (médicaments utilisés pour la tension artérielle), aux suppléments en vitamine B_6 et en magnésium et aux anticomitaux tels que l'acide valproïc, le divalproex et dans certains cas la prednisone. Le supplément alimentaire DMG, qui s'achète dans les magasins d'alimentation biologique, peut aussi aider. D'autres médicaments utiles sont la busiprone et la naltrexone. Le Dr Rowland Barrett et Carl Feinstein ont découvert que des courtes périodes de traitement par la naltrexone, un antagoniste des endorphines, réduisent de façon importante les comportements automutilateurs. La fluoxetine peut prévenir l'automutilation.

Les autistes du côté Kanner du spectre, comme moi, réagissent bien aux antidépresseurs comme l'imipramine, la desipramine, la fluoxetine et la clomipramine. Je prends la même faible dose de 50 mg d'imipramine ou, plus précisément, de desipramine depuis onze ans. Les doses efficaces pour les autistes sont beaucoup plus faibles que celles conseillées pour la dépression. Un dosage trop fort peut provoquer l'insomnie, l'agressivité et l'agitation. Si ces symptômes apparaissent, il faut *réduire* la dose. Certaines personnes réagissent bien à deux comprimés de 20 mg de fluoxetine deux fois par semaine.

Au bout de quelques semaines ou mois de traitement aux antidépresseurs, l'effet peut s'atténuer. Dans cette éventualité, *ne pas* augmenter la dose. Continuez à prendre la même dose jusqu'au moment où la rechute d'anxiété se résorbe. J'ai eu plusieurs fois des réapparitions de crises d'anxiété. En restant à la même dose de 50 mg, le médicament a recommencé à faire effet au bout de deux à six semaines. L'augmentation de la dose peut entraîner de sérieux problèmes et des effets secondaires.

Conclusion

Ceux qui s'occupent d'enfants autistes doivent éviter de se cantonner à une seule thérapeutique. Conjuguer plusieurs thérapies serait plus efficace. J'ai rendu visite à de nombreux établissements où l'on prend en charge de jeunes enfants. Les programmes efficaces utilisent souvent le même genre de méthodes malgré des orientations théoriques différentes. Les programmes les mieux adaptés prennent en charge les enfants vers trois ou quatre ans et leur donnent l'occasion de se trouver avec des enfants normaux. Ils sont aussi très intenses. Une approche passive ne mène à rien. Un bon programme doit comprendre des techniques flexibles et non aversives de modification du comportement, une thérapie sensorielle, de l'orthophonie, de l'exercice physique et de la musicothérapie.

La prise en charge et la thérapie doivent démarrer dès l'apparition des comportements anormaux. Le composant le plus important de la prise en charge est la présence de gens qui aiment l'enfant et qui travaillent avec lui. Je m'en suis sortie parce que ma mère, ma tante Ann et Bill Carlock m'ont assez aimée pour avoir envie de travailler avec moi.

Bibliographie

Ayres J. A., 1979, *Sensory Integration and the Child*, Western Psychological Services, Los Angeles.

Banion D. O., Armstrong B., Cummings R. A., Strange J., 1978, « Disruptive behavior : A dietary approach », *Journal of Autism and Development Disorders*, vol. 8, p. 325.

Barrett R. P., Feinstein C., Hole W. T., 1988/1989, « Effects of Naloxone and Naltrexone on self-injury », *American Journal of Mental Retardation*.

Bauman M. L., 1991, « Microscopic neuroanatomic abnormalities in autism », *Pediatrics*, vol. 87, p. 791-796.

Bhatara V., Clark D. L., Arnold L. E., Gunsett R., Smeltzer D. J., 1981, « Hyperkinesis treated with vestibular stimulation : An exploratory study », *Biological Psychiatry*, vol. 16, p. 269-279.

Bemporad J. R., 1979, « Adult recollections of a formerly autistic child », *Journal of Autism and Developmental Disorders*, vol. 9, p. 179-197.

Casler L., 1965, « Effects of extra tactile stimulation on a group of institutionalized infants », *Genetic Psychology Monographs*, vol. 71, p. 137-175.

Ceci S., 1985, « "Horse sense : Not intelligence", A short report by Nick Jordan », *Psychology Today*, février, p. 20.

Cesaroni L., Garber M., 1991, « Exploring the experience of autism through first hand accounts », *Journal of Austism and Developmental Disorders*, vol. 21, p. 303-312.

Charney D. S., Heninger G. R., Breier A., 1984, « Noradrenegeric function in panic anxiety », *Archives of General Psychiatry*, vol. 41, p. 751-764.

Coleman M., Gilberg C., 1986, *The Biology of the Autistic Syndrome*, Praeger Publishers.

Condon W., 1981, « Asynerony », *Omni*, décembre, p. 18. (Compte rendu Walli Leff.)

Cook E. H., Rowlett R., Jaselskis C., Leventhal B., 1992, « Fluoxetine (Prozac) treatment of children and adults with autistic disorder and mental retardation », *Journal of the American Academy of Child and Adolescent Psychiatry*, vol. 31, p. 739-745.

Courchesne E., 1988, « Hypoplasia of cerebellar vermal lobules VI and VII in autism », *New England Journal of Medicine*, vol. 318, p. 1349-1354.

Dantzer R., Mormede P., 1983, « De-arousal properties of stereotyped behavior ; Evidence pituatary adrenal correlations in pigs », *Applied Animal Ethology*, vol. 10, p. 233-243.

Favell J. E., McGimsey J. F., Jones M. L., 1978, « The use of physical restraint in the treatment of self-injury and as positive reinforcement », *Journal of Applied Behavior Analysis*, vol. 11, p. 225-241.

Foley J. P., 1938, « Tonic immobility in the rhesus monkey (Macaca Mulatta) induced by manipulation, immobilization and experimental inversion of the visual field », *Journal of Comparative Psychology*, vol. 26, p. 515-526.

Fox M. W., 1971, *Integrative Development of the Brain and Behavior in the Dog*, University of Chicago Press, Chicago.

Gajzago C., Prior M., 1974, « Two cases of "recovery" in Kanner's Syndromel », *Archives of General Psychiatry*, vol. 31, p. 264-268.

Galaburda A., 1983, « Developmental dyslexia : Current anatomical research », *Annals of Dyslexia*, vol. 33, p. 41-53, Orton Dyslexia Society, Baltimore, Maryland.

Gedye A., 1989, « Episodic rage and aggression attributed to frontal lobe seizures », *Journal of Mental Deficiency Research*, vol. 33, p. 369-379.

Geschwind N., Galaburda A., 1985, « Cerebral lateralization », *Archives of Neurology*, vol. 42, p. 428-459.

Gillberg C., Terenius L., Lonnerholm G., 1985, « Endorphin activity in childhood psychosis », *Archives of General Psychiatry*, vol. 42, p. 780-783.

Grandin T., 1980, « Observations of cattle behavior applied to the design of cattle handling facilities », *Applied Animal Ethology*, vol. 6, p. 19-31.

–, 1992, « Calming effects of deep touch pressure in patients with autistic disorder, college students and animals », *Journal of Child and Adolescent Psychopharmacology*, vol. 2, p. 63-70.

–, 1992, « An inside view of autism », *in* E. Schopler ; G. B. Mesibov (éd.), *High Functioning Individuals with Autism*, Plenum Press, New York, p. 105-126.

Greenough W. T., Juraska J. M., 1979, « Experience induced changes in fine brain structure : Their behavioral implications », *in* M. E. Hahn, C. Jensen, B. C. Dudek, *Development and Evolution of*

Brain Size : Behavioral Implications, Academic Press, New York, p. 295-320.

Harlow H. F., Zimmerman R. R., 1959, « Affectional responses in the infant monkey », *Science*, vol. 130, p. 421-432.

Hersher L., 1985, « The effectiveness of behavior modification on hyperkinesis », *Child Psychology and Human Development*, vol. 16, p. 87-96.

Kanner L., 1943, « Austitic disturbances of affective contact », *Nervous Child*, vol. 2, p. 217-250. Repris dans A. E. Donnelan (éd.), *Classic Readings in Autism*, 1985, Teachers College Press, Columbia University, New York.

–, 1971, « Follow-up study of eleven autistic children originally reported in 1943 », *Journal of Autism and Childhood Schizophrenia*, vol. 1, p. 112-145.

Kumazawa T., 1963, « Deactivation of the rabbit's brain by pressure application to the skin », *Electroencephalography and Clinical Neurophysiology*, vol. 15, p. 660-671.

Landa R., Piven J., Wzorek M. M., 1992, « Social language use in parents of autistic individuals », *Psychological Medicine*, vol. 22, p. 245-254.

LaVigna G. W., Donnellan A. M., *Alternatives to Punishment*, Irvington Publishers, New York.

Lovaas I., 1987, « Behavioral treatment and normal educational and intellectual functioning in young autistic children », *Journal of Consulting and Clinical Psychology*, vol. 55, p. 3-9.

Marcuse F. L., Moore A. U., 1944, « Tantrum behavior in the pig », *Journal of Comparative Psychology*, vol. 37, p. 235-241.

Martineau J., Barthelemy C., Garreau B., Lelord G., 1985, « Vitamine B6, magnesium and combined B6-Mg. Therapeutic effects in childhood autism », *Biological Psychiatry*, vol. 20, p. 467-478.

McCray G. M., 1978, Excessive masturbation in childhood : A symptom of tactile deprivation, *Pediatrics*, vol. 62, p. 277-279.

McDouglas C. J., Price L. H., Volkmar F. R., 1992, « Clomipramine in autism preliminary evidence of efficacy », *Journal of the Academy of Child and Adolescent Psychiatry*, vol. 31, p. 746-750.

McGee J. J., 1987, *Gentle Teaching*, Human Sciences Press, New York.

McGimsey J. F., Favell J. E., 1988, « The effects of increased physical exercise on disruptive behavior in retarded persons », *Journal of Autism and Developmental Disorders*, vol. 18, p. 167-179.

Melzack R., Burns S. K., 1965, « Neurophysiological effects of early sensory restriction », *Experimental Neurology*, vol. 13, p. 163-175.

Murphy G., 1982, « Sensory reinforcement in the mentally handicapped and autistic child, a review », *Journal of Autism and Developmental Disorders*, vol. 12, p. 265-278.

O'Connell T. S., 1974, « The musical life of an autistic boy », *Journal of Autism and Childhood Schizophrenia*, vol. 4, p. 223-229.

Ornitz E. M., 1985, « Neurophysiology of infantile autism », *Journal of the Academy of Child Psychiatry*, vol. 24, p. 251-262.

Panksepp J., 1979, « A neurochemical theory of autism », *Trends in Neurosciences*, juillet, p. 174-177.

Powers M. D., Thorwarth C. A., 1985, « Effect of negative reinforcement on tolerance of physical contact in a preschool child », *Journal of Clinical Psychology*, vol. 14, n° 4, p. 299-303.

Rapoport J. L., 1989, *The Boy Who Couldn't Stop Washing*, E. P. Dutton, New York. Trad. : *Le garçon qui n'arrêtait pas de se laver*, Éd. Odile Jacob, 1991.

Ratey J. J., 1987, « Autism : The treatment of aggressive behaviors », *Journal of Clinical Psychopharmacology*, vol. 7, n° 1, p. 35-41.

Rausch P. B., 1981, « Effects of tactile and kinesthetic stimulation on premature infants », *JOGN Nursing*, janvier-février, p. 34-37.

Ray T. C., King L. J., Grandin T., 1988, « The effectiveness of self-initiated vestibular stimulation in producing speech sounds in an autistic child », *Journal of Occupational Therapy Research*, vol. 8, p. 186-190.

Rimland B., 1964, *Infantile Autism*, Appleton Century Crofts, New York.

Rumsey J. M., Duara R., Grady C., Rapoport J. L., Margolin R. A., Rapoport S. I., Cutler N. R., 1985, « Brain metabolism in autism », *Archives of General Psychiatry*, vol. 42, p. 448-455.

Sakai K. K., Ary T. E., Hymson D. L., Shapiro R., 1979, « Effect of cuddling on the body temperature and cyclic nucleotides in the [cf5] CFS of the cat », *Experimental Brain Research*, vol. 34, p. 379-382.

Schrieber H., Bell R., Wood G., Carlson R., Wright L., Kufner M., Villescas R., 1978, « Early handling and maternal behavior : Effect on d-Amphetamine responsiveness in rats », *Biochemistry and Behavior*, vol. 9, p. 785-789.

Sheehan D. V., Beh M. B., Ballenger J., Jacobsen G., 1980, « Treatment of endogeneous anxiety with phobic, hysterical and hypochondriacal symptoms », *Archives of General Phychiatry*, vol. 37, p. 51-59.

Simons D., Land P., 1987, *Nature*, vol. 236, p. 694.

Simons J. M., 1974, « Observations on compulsive behavior in autism », *Journal of Autism and Childhood Schizophrenia*, vol. 4, p. 1-10.

Stehi A., 1991, *Sound of a Miracle*, Doubleday, New York.

Sullivan R. C., 1980, « Why do autistic children... ? » *Journal of Autism and Developmental Disorders*, vol. 10, p. 231-241.

Takagi K., Kobagasi S., 1956, « Skin pressure reflex », *Acta Medica et Biologica*, vol. 4, p. 31-37.

Volkmar F. R., Cohen D. J., 1985, « The experience of infantile autism : A first person account by Tony W. », *Journal of Developmental Disorders*, vol. 15, p. 47-54.

Williams D., 1992, *Nobody Nowhere*, Times Books, New York.

Wing L., 1976, *Early Childhood Autism*, 2ᵉ éd., Pergamon Press, New York.

Young G. L., Kavanaugh M. E., Anderson G. M., Shaywitz B. A., Cohen D. D., 1982, « Clinical neurochemistry of autism and related disorders », *Journal of Autism and Developmental Disorders*, vol. 12, p. 147-165.

Zentall S. S., Zentall T. R., 1983, « Optimal stimulation : A model for disordered activity and performance in normal and deviant children », *Psychological Bulletin*, vol. 94, p. 446-471.

Zisserman L., 1992, « The effects of deep pressure on self stimulating behaviors in a child with autism and other disabilities », *American Journal of Occupational Therapy*, vol. 46, p. 547-551.

Table des matières

Préface 9

Introduction 31

CHAPITRE PREMIER : Souvenirs d'enfance 37

CHAPITRE II : Premiers jours d'école 51

CHAPITRE III : Nouveaux soucis 71

CHAPITRE IV : Des journées « oubliables » au collège . 87

CHAPITRE V : L'internat 97

CHAPITRE VI : Le manège 109

CHAPITRE VII : L'appareil magique 121

CHAPITRE VIII : Une petite porte 135

CHAPITRE IX : La porte de verre 155

CHAPITRE X : Un métier méconnu 165

CHAPITRE XI : Travailler, se débrouiller, survivre 179

CHAPITRE XII : Un pont entre deux mondes 191

Annexe 1 199

Annexe 2 217

Bibliographie 229

Dans la collection « Poches Odile Jacob »

N° 1 : Aldo Naouri, *Les Filles et leurs mères*
N° 2 : Boris Cyrulnik, *Les Nourritures affectives*
N° 3 : Jean-Didier Vincent, *La Chair et le Diable*
N° 4 : Jean François Deniau, *Le Bureau des secrets perdus*
N° 5 : Stephen Hawking, *Trous noirs et bébés univers*
N° 6 : Claude Hagège, *Le Souffle de la langue*
N° 7 : Claude Olievenstein, *Naissance de la vieillesse*
N° 8 : Édouard Zarifian, *Les Jardiniers de la folie*
N° 9 : Caroline Eliacheff, *À corps et à cris*
N° 10 : François Lelord, Christophe André, *Comment gérer les personnalités difficiles*
N° 11 : Jean-Pierre Changeux, Alain Connes, *Matière à pensée*
N° 12 : Yves Coppens, *Le Genou de Lucy*
N° 13 : Jacques Ruffié, *Le Sexe et la Mort*
N° 14 : François Roustang, *Comment faire rire un paranoïaque ?*
N° 15 : Jean-Claude Duplessy, Pierre Morel, *Gros Temps sur la planète*
N° 16 : François Jacob, *La Souris, la Mouche et l'Homme*
N° 17 : Marie-Frédérique Bacqué, *Le Deuil à vivre*
N° 18 : Gerald M. Edelman, *Biologie de la conscience*
N° 19 : Samuel P. Huntington, *Le Choc des civilisations*
N° 20 : Dan Kiley, *Le Syndrome de Peter Pan*
N° 21 : Willy Pasini, *À quoi sert le couple ?*
N° 22 : Françoise Héritier, Boris Cyrulnik, Aldo Naouri, *De l'inceste*
N° 23 : Tobie Nathan, *Psychanalyse païenne*
N° 24 : Raymond Aubrac, *Où la mémoire s'attarde*
N° 25 : Georges Charpak, Richard L. Garwin, *Feux Follets et champignons nucléaires*
N° 26 : Henry de Lumley, *L'Homme premier*
N° 27 : Alain Ehrenberg, *La Fatigue d'être soi*
N° 28 : Jean-Pierre Changeux, Paul Ricœur, *Ce qui nous fait penser*
N° 29 : André Brahic, *Enfants du Soleil*

N° 30 : David Ruelle, *Hasard et Chaos*
N° 31 : Claude Olievenstein, *Le Non-dit des émotions*
N° 32 : Édouard Zarifian, *Des paradis plein la tête*
N° 33 : Michel Jouvet, *Le Sommeil et le Rêve*
N° 34 : Jean-Baptiste de Foucauld, Denis Piveteau, *Une société en quête de sens*
N° 35 : Jean-Marie Bourre, *La Diététique du cerveau*
N° 36 : François Lelord, *Les Contes d'un psychiatre ordinaire*
N° 37 : Alain Braconnier, *Le Sexe des émotions*
N° 38 : Temple Grandin, *Ma Vie d'autiste*
N° 39 : Philippe Taquet, *L'Empreinte des dinosaures*
N° 40 : Antonio Damasio, *L'Erreur de Descartes*
N° 41 : Édouard Zarifian, *La Force de guérir*

Imprimé en France sur Presse Offset par

BRODARD & TAUPIN
GROUPE CPI
18473 - La Flèche (Sarthe) - le 10-04-2003

N° d'édition : 7381-0919-1
Dépôt légal : décembre 2000